William Shakespeare

Romeo und Julia

Übersetzt von August Wilhelm Schlegel

(Großdruck)

William Shakespeare: Romeo und Julia (Großdruck)

Übersetzt von August Wilhelm Schlegel.

Erste deutsche Übersetzungen von von Simon Grynaeus (1758), Christoph Martin Wieland (1766). Die vorliegende Übersetzung stammt von August Wilhelm Schlegel. Erstdruck in: Shakspeare's dramatische Werke. Übersetzt von August Wilhelm Schlegel, Bd. 1, Berlin (Johann Friedrich Unger) 1797.

Neuausgabe
Herausgegeben von Theodor Borken
Berlin 2019

Der Text dieser Ausgabe folgt:
William Shakespeare: Sämtliche Werke in vier Bänden. Band 4, Herausgegeben von Anselm Schlösser. Berlin: Aufbau, 1975.

Umschlaggestaltung von Thomas Schultz-Overhage unter Verwendung des Bildes: Anselm Feuerbach, Romeo und Julia, 1864

Gesetzt aus der Minion Pro, 16 pt, in lesefreundlichem Großdruck

ISBN 978-3-8478-2909-6

Die Deutsche Nationalbibliothek verzeichnet diese Publikation in der Deutschen Nationalbibliografie; detaillierte bibliografische Daten sind im Internet über www.dnb.de abrufbar.

Henricus Edition Deutsche Klassik UG (haftungsbeschränkt), Berlin
Herstellung: BoD – Books on Demand, Norderstedt

Personen

Escalus, Prinz von Verona

Graf Paris, Verwandter des Prinzen

Montague
Capulet, Häupter zweier Häuser, welche in Zwist mit einander sind

Romeo, Montagues Sohn

Mercutio, Verwandter des Prinzen und Romeos Freund

Benvolio, Montagues Neffe und Romeos Freund

Tybalt, Neffe der Gräfin Capulet

Ein alter Mann, Capulets Oheim

Bruder Lorenzo, ein Franziskaner

Bruder Marcus, von demselben Orden

Balthasar, Romeos Diener

Simson
Gregorio, Bediente Capulets

Abraham, Bedienter Montagues

Peter

Drei Musikanten

Ein Page des Paris

Ein Offizier

Ein Apotheker

Gräfin Montague

Gräfin Capulet

Julia, Capulets Tochter

Juliens Amme

Bürger von Verona. Verschiedene Männer und Frauen, Verwandte beider Häuser. Masken, Wachen und andres Gefolge.

Die Szene ist den größten Teil des Stücks hindurch in Verona; zu Anfang des fünften Aufzugs in Mantua

Erster Aufzug

Erste Szene

Ein öffentlicher Platz. Simson und Gregorio, zwei Bediente Capulets, treten auf.

SIMSON. Auf mein Wort, Gregorio, wir wollen nichts in die Tasche stecken.

GREGORIO. Freilich nicht, sonst wären wir Taschenspieler.

SIMSON. Ich meine, ich werde den Koller kriegen und vom Leder ziehn.

GREGORIO. Ne, Freund! deinen ledernen Koller mußt du bei Leibe nicht ausziehen.

SIMSON. Ich schlage geschwind zu, wenn ich aufgebracht bin.

GREGORIO. Aber du wirst nicht geschwind aufgebracht.

SIMSON. Ein Hund aus Montagues Hause bringt mich schon auf.

GREGORIO. Einen aufbringen, heißt: ihn von der Stelle schaffen. Um tapfer zu sein, muß man stand halten. Wenn du dich also aufbringen läßt, so läufst du davon.

SIMSON. Ein Hund aus dem Hause bringt mich zum Standhalten. Mit jedem Bedienten und jedem Mädchen Montagues will ich es aufnehmen.

GREGORIO. Der Streit ist nur zwischen unseren Herrschaften und uns, ihren Bedienten. Es mit den Mädchen aufnehmen? Pfui doch! Du solltest dich lieber von ihnen aufnehmen lassen.

SIMSON. Einerlei! Ich will barbarisch zu Werke gehn. Hab' ich's mit den Bedienten erst ausgefochten, so will ich mir die Mädchen unterwerfen. Sie sollen die Spitze meines Degens fühlen, bis er stumpf wird.

GREGORIO. Zieh' nur gleich von Leder: da kommen zwei aus dem Hause Montagues.

Abraham und Balthasar treten auf.

SIMSON. Hier! mein Gewehr ist blank! Fang' nur Händel an, ich will den Rücken decken.

GREGORIO. Den Rücken? willst du Reißaus nehmen?

SIMSON. Fürchte nichts von mir!

GREGORIO. Ne, wahrhaftig! ich dich fürchten?

SIMSON. Laß uns das Recht auf unsrer Seite behalten, laß sie anfangen!

GREGORIO. Ich will ihnen im Vorbeigehn ein Gesicht ziehen, sie mögen's nehmen, wie sie wollen.

SIMSON. Wie sie dürfen, lieber. Ich will ihnen einen Esel bohren; wenn sie es einstecken, so haben sie den Schimpf.

ABRAHAM. Bohrt Ihr uns einen Esel, mein Herr?

SIMSON. Ich bohre einen Esel, mein Herr.

ABRAHAM. Bohrt Ihr uns einen Esel, mein Herr?

SIMSON. Ist das Recht auf unsrer Seite, wenn ich ja sage?

GREGORIO. Nein.

SIMSON. Nein, mein Herr! Ich bohre Euch keinen Esel, mein Herr. Aber ich bohre einen Esel, mein Herr.

GREGORIO. Sucht Ihr Händel, mein Herr?

SIMSON. Wenn Ihr sonst Händel sucht, mein Herr: ich stehe zu Diensten. Ich bediene einen ebenso guten Herrn wie Ihr.

ABRAHAM. Keinen bessern.

SIMSON. Sehr wohl, mein Herr!

Benvolio tritt auf.

GREGORIO. Sag: »Einen bessern«; hier kömmt ein Vetter meiner Herrschaft.

SIMSON. Ja doch, einen bessern, mein Herr.

ABRAHAM. Ihr lügt!

SIMSON. Zieht, wo ihr Kerls seid! Frisch, Gregorio! denk' mir an deinen Schwadronierhieb!

Sie fechten.

BENVOLIO.

Ihr Narren, fort! Steckt eure Schwerter ein;
Ihr wißt nicht, was ihr tut.

Tybalt tritt auf.

TYBALT.

Was? ziehst du unter den verzagten Knechten?
Hieher, Benvolio! Beut die Stirn dem Tode!

BENVOLIO.

Ich stifte Frieden, steck' dein Schwert nur ein!
Wo nicht, so führ' es, diese hier zu trennen!

TYBALT.

Was? Ziehn und Friede rufen? Wie die Hölle
Hass' ich das Wort, wie alle Montagues
Und dich! Wehr' dich, du Memme!

Sie fechten.

*Verschiedene Anhänger beider Häuser kommen und mischen
sich in den Streit; dann Bürger mit Knitteln.*

EIN BÜRGER.

He! Spieß' und Stangen her! Schlagt auf sie los!
Weg mit den Capulets! Weg mit den Montagues!

Capulet im Schlafrock und Gräfin Capulet.

CAPULET.

Was für ein Lärm? – Holla! mein langes Schwert!

GRÄFIN CAPULET.

Nein, Krücken! Krücken! Wozu soll ein Schwert!

CAPULET.

Mein Schwert, sag' ich! Der alte Montague
Kommt dort, und wetzt die Klinge mir zum Hohn.

Montague und Gräfin Montague.

MONTAGUE.

Du Schurke! Capulet! – Laßt los, laß mich gewähren!

GRÄFIN MONTAGUE.

Du sollst dich keinen Schritt dem Feinde nähern.

Der Prinz mit Gefolge.

PRINZ.

Aufrührische Vasallen! Friedensfeinde,
Die ihr den Stahl mit Nachbarblut entweiht! –
Wollt ihr nicht hören? – Männer! wilde Tiere!
Die ihr die Flammen eurer schnöden Wut
Im Purpurquell aus euren Adern löscht!
Zu Boden werft, bei Buß' an Leib und Leben,
Die mißgestählte Wehr aus blut'ger Hand!
Hört eures ungehaltnen Fürsten Spruch!
Drei Bürgerzwiste haben dreimal nun
Aus einem luft'gen Wort von euch erzeugt,
Du alter Capulet und Montague,
Den Frieden unsrer Straßen schon gebrochen.
Veronas graue Bürger mußten sich
Entladen ihres ehrenfesten Schmucks
Und alte Speer' in alten Händen schwingen,
Woran der Rost des langen Friedens nagte,
Dem Hasse, der euch nagt, zu widerstehn.
Verstört ihr jemals wieder unsre Stadt,

8

So zahl' eu'r Leben mir den Friedensbruch!
Für jetzt begebt euch, all ihr andern, weg!
Ihr aber, Capulet, sollt mich begleiten.
Ihr, Montague, kommt diesen Nachmittag
Zur alten Burg, dem Richtplatz unsres Banns,
Und hört, was hierin fürder mir beliebt.
Bei Todesstrafe sag' ich: alle fort!

Der Prinz, sein Gefolge, Capulet, Gräfin Capulet, Tybalt, die
Bürger und Bediente gehn ab.

MONTAGUE.

Wer bracht' aufs neu' den alten Zwist in Gang?
Sagt, Neffe, wart Ihr da, wie er begann?

BENVOLIO.

Die Diener Eures Gegners fochten hier
Erhitzt mit Euren schon, eh' ich mich nahte;
Ich zog, um sie zu trennen. Plötzlich kam
Der wilde Tybalt mit gezücktem Schwert,
Und schwang, indem er schnaubend Kampf mir bot,
Es um sein Haupt, und hieb damit die Winde,
Die unverwundet, zischend ihn verhöhnten.
Derweil wir Hieb' und Stöße wechseln, kamen
Stets mehr und mehr, und fochten mit einander;
Dann kam der Fürst und schied sie von einander.

GRÄFIN MONTAGUE.

Ach, wo ist Romeo? Saht Ihr ihn heut?
Wie froh bin ich! Er war nicht bei dem Streit.

BENVOLIO.

Schon eine Stunde, Gräfin, eh' im Ost
Die heil'ge Sonn' aus goldnem Fenster schaute,
Trieb mich ein irrer Sinn ins Feld hinaus.
Dort, in dem Schatten des Kastanienhains,

Der vor der Stadt gen Westen sich verbreitet,
Sah ich, so früh schon wandelnd, Euren Sohn.
Ich wollt' ihm nahn, er aber nahm mich wahr
Und stahl sich tiefer in des Waldes Dickicht.
Ich maß sein Innres nach dem meinen ab,
Das in der Einsamkeit am regsten lebt,
Ging meiner Laune nach, ließ seine gehn,
Und gern vermied ich ihn, der gern mich floh.

MONTAGUE.

Schon manchen Morgen ward er dort gesehn,
Wie er den frischen Tau durch Tränen mehrte
Und, tief erseufzend, Wolk' an Wolke drängte.
Allein sobald im fernsten Ost die Sonne,
Die all' erfreu'nde, von Auroras Bett
Den Schattenvorhang wegzuziehn beginnt,
Stiehlt vor dem Licht mein finstrer Sohn sich heim,
Und sperrt sich einsam in sein Kämmerlein,
Verschließt dem schönen Tageslicht die Fenster,
Und schaffet künstlich Nacht um sich herum.
In schwarzes Mißgeschick wird er sich träumen,
Weiß guter Rat den Grund nicht wegzuräumen.

BENVOLIO.

Mein edler Oheim, wisset Ihr den Grund?

MONTAGUE.

Ich weiß ihn nicht und kann ihn nicht erfahren.

BENVOLIO.

Lagt Ihr ihm jemals schon deswegen an?

MONTAGUE.

Ich selbst sowohl als mancher andre Freund.
Doch er, der eignen Neigungen Vertrauter,
Ist gegen sich, wie treu will ich nicht sagen,
Doch so geheim und in sich selbst gekehrt,

So unergründlich forschendem Bemühn,
Wie eine Knospe, die ein Wurm zernagt,
Eh' sie der Luft ihr zartes Laub entfalten
Und ihren Reiz der Sonne weihen kann.
Erführen wir, woher sein Leid entsteht,
Wir heilten es so gern, als wir's erspäht.

Romeo erscheint in einiger Entfernung.

BENVOLIO.
Da kömmt er, seht! Geruht uns zu verlassen!
Galt ich ihm je was, will ich schon ihn fassen.
MONTAGUE.
Oh, beichtet' er für dein Verweilen dir
Die Wahrheit doch! – Kommt, Gräfin, gehen wir!

Montague und Gräfin Montague gehn ab.

BENVOLIO.
Ha, guten Morgen, Vetter!
ROMEO.
Erst so weit?
BENVOLIO.
Kaum schlug es neun.
ROMEO.
Weh mir! Gram dehnt die Zeit.
War das mein Vater, der so eilig ging?
BENVOLIO.
Er war's. Und welcher Gram dehnt Euch die Stunden?
ROMEO.
Daß ich entbehren muß, was sie verkürzt.
BENVOLIO.
Entbehrt Ihr Liebe?

ROMEO.

Nein.

BENVOLIO.

So ward sie Euch zu teil?

ROMEO.

Nein, Lieb' entbehr' ich, wo ich lieben muß.

BENVOLIO.

Ach, daß der Liebesgott, so mild im Scheine,

So grausam in der Prob' erfunden wird!

ROMEO.

Ach, daß der Liebesgott, trotz seinen Binden,

Zu seinem Ziel stets Pfade weiß zu finden!

Wo speisen wir? – Ach, welch ein Streit war hier?

Doch sagt mir's nicht, ich hört' es alles schon.

Haß gibt hier viel zu schaffen, Liebe mehr.

Nun dann: liebreicher Haß! streitsücht'ge Liebe!

Du Alles, aus dem Nichts zuerst erschaffen!

Schwermüt'ger Leichtsinn! ernste Tändelei!

Entstelltes Chaos glänzender Gestalten!

Bleischwinge! lichter Rauch und kalte Glut!

Stets wacher Schlaf! dein eignes Widerspiel! –

So fühl' ich Lieb', und hasse, was ich fühl'!

Du lachst nicht?

BENVOLIO.

Nein! das Weinen ist mir näher.

ROMEO.

Warum, mein Herz?

BENVOLIO.

Um deines Herzens Qual.

ROMEO.

Das ist der Liebe Unbill nun einmal.

Schon eignes Leid will mir die Brust zerpressen,

Dein Gram um mich wird voll das Maß mir messen.

Die Freundschaft, die du zeigst, mehrt meinen Schmerz;

Denn, wie sich selbst, so quält auch dich mein Herz.

Lieb' ist ein Rauch, den Seufzerdämpf' erzeugten,

Geschürt, ein Feu'r, von dem die Augen leuchten,

Gequält, ein Meer, von Tränen angeschwellt;

Was ist sie sonst? Verständ'ge Raserei,

Und ekle Gall' und süße Spezerei.

Lebt wohl, mein Freund!

BENVOLIO.

Sacht! Ich will mit Euch gehen:

Ihr tut mir Unglimpf, laßt Ihr so mich stehen.

ROMEO.

Ach, ich verlor mich selbst; ich bin nicht Romeo.

Der ist nicht hier: er ist – ich weiß nicht wo.

BENVOLIO.

Entdeckt mir ohne Mutwill, wen Ihr liebt!

ROMEO.

Bin ich nicht ohne Mut und ohne Willen?

BENVOLIO.

Nein, sagt mir's ohne Scherz!

ROMEO.

Verscherzt ist meine Ruh': wie sollt' ich scherzen?

O überflüss'ger Rat bei so viel Schmerzen!

Hört, Vetter, denn im Ernst: ich lieb' ein Weib.

BENVOLIO.

Ich traf's doch gut, da ich verliebt Euch glaubte.

ROMEO.

Ein wackrer Schütz'! – Und, die ich lieb', ist schön.

BENVOLIO.

Ein glänzend Ziel kann man am ersten treffen.

ROMEO.

Dies Treffen traf dir fehl, mein guter Schütz':
Sie meidet Amors Pfeil, sie hat Dianens Witz.
Umsonst hat ihren Panzer keuscher Sitten
Der Liebe kindisches Geschoß bestritten.
Sie wehrt den Sturm der Liebesbitten ab,
Steht nicht dem Angriff kecker Augen, öffnet
Nicht ihren Schoß dem Gold, das Heil'ge lockt.
Oh, sie ist reich an Schönheit; arm allein,
Weil, wenn sie stirbt, ihr Reichtum hin wird sein.

BENVOLIO.

Beschwor sie der Enthaltsamkeit Gesetze?

ROMEO.

Sie tat's, und dieser Geiz vergeudet Schätze.
Denn Schönheit, die der Lust sich streng enthält,
Bringt um ihr Erb' die ungeborne Welt.
Sie ist zu schön und weis', um Heil zu erben,
Weil sie, mit Weisheit schön, mich zwingt zu sterben.
Sie schwor zu lieben ab, und dies Gelübd'
Ist Tod für den, der lebt, nur weil er liebt.

BENVOLIO.

Folg' meinem Rat, vergiß an sie zu denken!

ROMEO.

So lehre mir, das Denken zu vergessen!

BENVOLIO.

Gib deinen Augen Freiheit, lenke sie
Auf andre Reize hin!

ROMEO.

Das ist der Weg,
Mir ihren Reiz in vollem Licht zu zeigen.
Die Schwärze jener neidenswerten Larven,
Die schöner Frauen Stirne küssen, bringt

Uns in den Sinn, daß sie das Schöne bergen.
Der, welchen Blindheit schlug, kann nie das Kleinod
Des eingebüßten Augenlichts vergessen.
Zeigt mir ein Weib, unübertroffen schön:
Mir gilt ihr Reiz wie eine Weisung nur,
Worin ich lese, wer sie übertrifft.
Leb wohl! Vergessen lehrest du mir nie.
BENVOLIO.
Dein Schuldner sterb' ich, glückt mir nicht die Müh!

Beide ab.

Zweite Szene

Eine Straße. Capulet, Paris und ein Bedienter kommen.

CAPULET.
Und Montague ist mit derselben Buße
Wie ich bedroht? Für Greise, wie wir sind,
Ist Frieden halten, denk' ich, nicht so schwer.
PARIS.
Ihr geltet beid' als ehrenwerte Männer,
Und Jammer ist's um euren langen Zwiespalt.
Doch, edler Graf, wie dünkt Euch mein Gesuch?
CAPULET.
Es dünkt mich so, wie ich vorhin gesagt:
Mein Kind ist noch ein Fremdling in der Welt,
Sie hat kaum vierzehn Jahre wechseln sehn.
Laßt noch zwei Sommer prangen und verschwinden,
Eh' wir sie reif, um Braut zu werden, finden!
PARIS.
Noch jüngre wurden oft beglückte Mütter.
CAPULET.
Wer vor der Zeit beginnt, der endigt früh.

All meine Hoffnungen verschlang die Erde;
Mir blieb nur dieses hoffnungsvolle Kind.
Doch werbt nur, lieber Graf! Sucht Euer Heil!
Mein Will' ist von dem ihren nur ein Teil.
Wenn sie aus Wahl in Eure Bitten willigt,
So hab' ich im voraus ihr Wort gebilligt.
Ich gebe heut ein Fest, von alters hergebracht,
Und lud darauf der Gäste viel zu Nacht,
Was meine Freunde sind: Ihr, der dazu gehöret,
Sollt hoch willkommen sein, wenn Ihr die Zahl vermehret.
In meinem armen Haus sollt Ihr des Himmels Glanz
Heut nacht verdunkelt sehn durch ird'scher Sterne Tanz.
Wie muntre Jünglinge mit neuem Mut sich freuen,
Wenn auf die Fersen nun der Fuß des holden Maien
Dem lahmen Winter tritt: die Lust steht Euch bevor,
Wann Euch in meinem Haus ein frischer Mädchenflor
Von jeder Seit' umgibt. Ihr hört, Ihr seht sie alle,
Daß, die am schönsten prangt, am meisten Euch gefalle.
Dann mögt Ihr in der Zahl auch meine Tochter sehn,
Sie zählt für eine mit, gilt sie schon nicht für schön.
Kommt, geht mit mir! – Du, Bursch, nimm dies Papier mit
    Namen;
Trab' in der Stadt herum, such' alle Herrn und Damen,
So hier geschrieben stehn, und sag mit Höflichkeit:
Mein Haus und mein Empfang steh' ihrem Dienst bereit!

Capulet und Paris gehn ab.

DER BEDIENTE. Die Leute soll ich suchen, wovon die Namen
hier geschrieben stehn? Es steht geschrieben, der Schuster soll
sich um seine Elle kümmern, der Schneider um seinen Leisten,
der Fischer um seinen Pinsel, der Maler um seine Netze. Aber
mich schicken sie, um die Leute ausfündig zu machen, wovon

die Namen hier geschrieben stehn, und ich kann doch gar nicht ausfündig machen, was für Namen der Schreiber hier aufgeschrieben hat. Ich muß zu den Gelahrten – auf gut Glück!

Benvolio und Romeo kommen.

BENVOLIO.

Pah, Freund! Ein Feuer brennt das andre nieder;

Ein Schmerz kann eines andern Qualen mindern.

Dreh' dich in Schwindel, hilf durch Drehn dir wieder!

Fühl' andres Leid, das wird dein Leiden lindern!

Saug' in dein Auge neuen Zaubersaft,

So wird das Gift des alten fortgeschafft.

ROMEO.

Ein Blatt vom Weg'rich dient dazu vortrefflich ...

BENVOLIO.

Ei, sag, wozu?

ROMEO.

Für dein zerbrochnes Bein.

BENVOLIO.

Was, Romeo, bist du toll?

ROMEO.

Nicht toll, doch mehr gebunden wie ein Toller,

Gesperrt in einen Kerker, ausgehungert,

Gegeißelt und geplagt, und –

Zu dem Bedienten.

Guten Abend, Freund!

DER BEDIENTE.

Gott grüß' Euch, Herr! Ich bitt' Euch, könnt Ihr lesen?

ROMEO.

Jawohl, in meinem Elend mein Geschick.

DER BEDIENTE.

Vielleicht habt Ihr das auswendig gelernt.

Aber sagt: könnt Ihr alles vom Blatte weglesen?

ROMEO. Ja freilich, wenn ich Schrift und Sprache kenne.

DER BEDIENTE. Ihr redet ehrlich. Gehabt Euch wohl!

ROMEO. Wart'! Ich kann lesen, Bursch. *Er liest das Verzeichnis.*

»Signor Martino und seine Frau und Tochter; Graf Anselm und seine reizenden Schwestern; die verwitwete Freifrau von Vitruvio; Signor Placentio und seine artigen Nichten; Mercutio und sein Bruder Valentio; mein Oheim Capulet seine Frau und Töchter; meine schöne Nichte Rosalinde; Livia; Signor Valentio und sein Vetter Tybalt; Lucio und die muntre Helena.« *Gibt das Papier zurück.*

Ein schöner Haufe! Wohin lädst du sie?

DER BEDIENTE. Hinauf.

ROMEO. Wohin?

DER BEDIENTE. Zum Abendessen in unser Haus

ROMEO. Wessen Haus?

DER BEDIENTE. Meines Herrn.

ROMEO. Das hätt' ich freilich eher fragen sollen.

DER BEDIENTE. Nun will ich's Euch ohne Fragen erklären. Meine Herrschaft ist der große, reiche Capulet, und wenn Ihr nicht vom Hause der Montagues seid, so bitt' ich Euch kommt, stecht eine Flasche Wein mit aus! Gehabt Euch wohl! *Geht ab.*

BENVOLIO.

Auf diesem hergebrachten Gastgebot

Der Capulets speist deine Rosalinde

Mit allen Schönen, die Verona preist.

Geh hin, vergleich' mit unbefangnem Auge

Die andern, die du sehen sollst, mit ihr:

Was gilt's? Dein Schwan dünkt eine Krähe dir.

ROMEO.

Höhnt meiner Augen frommer Glaube je
Die Wahrheit so: dann, Tränen, werdet Flammen!
Und ihr, umsonst ertränkt in manchem See,
Mag eure Lüg' als Ketzer euch verdammen!
Ein schönres Weib als sie? Seit Welten stehn,
Hat die allseh'nde Sonn' es nicht gesehn.

BENVOLIO.

Ja, ja! du sahst sie schön, doch in Gesellschaft nie;
Du wogst nur mit sich selbst in jedem Auge sie.
Doch leg' einmal zugleich in die krystallnen Schalen
Der Jugendreize Bild, wovon auch andre strahlen,
Die ich dir zeigen will bei diesem Fest vereint:
Kaum leidlich scheint dir dann, was jetzt ein Wunder scheint.

ROMEO.

Gut, ich begleite dich. Nicht um des Schauspiels Freuden:
An meiner Göttin Glanz will ich allein mich weiden.

Beide ab.

Dritte Szene

*Ein Zimmer in Capulets Hause. Gräfin Capulet und die
Wärterin.*

GRÄFIN CAPULET.

Ruft meine Tochter her: wo ist sie, Amme?

WÄRTERIN.

Bei meiner Jungferschaft im zwölften Jahr,
Ich rief sie schon. – He, Lämmchen! zartes Täubchen! –
Daß Gott! Wo ist das Kind? He, Juliette!

Julia kommt.

JULIA.

Was ist? Wer ruft mich?

WÄRTERIN.

Eure Mutter.

JULIA.

Hier bin ich, gnäd'ge Mutter! Was beliebt?

GRÄFIN.

Die Sach' ist diese! – Amme, geh beiseit',

Wir müssen heimlich sprechen. Amme, komm

Nur wieder her, ich habe mich besonnen:

Ich will dich mit zur Überlegung ziehn.

Du weißt, mein Kind hat schon ein hübsches Alter.

WÄRTERIN.

Das zähl' ich, meiner Treu, am Finger her.

GRÄFIN CAPULET.

Sie ist nicht vierzehn Jahre.

WÄRTERIN.

Ich wette vierzehn meiner Zähne drauf –

Zwar hab' ich nur vier Zähn', ich arme Frau –

Sie ist noch nicht vierzehn. Wie lang ist's bis Johannis?

GRÄFIN CAPULET.

Ein vierzehn Tag' und drüber.

WÄRTERIN.

Nu, drüber oder drunter. Just den Tag,

Johannistag zu Abend wird sie vierzehn.

Suschen und sie – Gott gebe jedem Christen

Das ew'ge Leben! – waren eines Alters.

Nun, Suschen ist bei Gott:

Sie war zu gut für mich. Doch wie ich sagte,

Johannistag zu Abend wird sie vierzehn.

Das wird sie, meiner Treu; ich weiß es recht gut.

Eilf Jahr ist's her, seit wir 's Erdbeben hatten:

20

Und ich entwöhnte sie (mein Leben lang
Vergess' ich's nicht) just auf denselben Tag.
Ich hatte Wermut auf die Brust gelegt,
Und saß am Taubenschlage in der Sonne;
Die gnäd'ge Herrschaft war zu Mantua.
(Ja, ja! ich habe Grütz' im Kopf!) Nun, wie ich sagte:
Als es den Wermut auf der Warze schmeckte
Und fand ihn bitter – närr'sches, kleines Ding –,
Wie's böse ward und zog der Brust ein G'sicht!
Krach! sagt der Taubenschlag; und ich, fürwahr,
Ich wußte nicht, wie ich mich tummeln sollte.
Und seit der Zeit ist's nun eilf Jahre her.
Denn damals stand sie schon allein; mein' Treu',
Sie lief und watschelt' euch schon flink herum.
Denn Tags zuvor fiel sie die Stirn entzwei,
Und da hob sie mein Mann – Gott hab ihn selig!
Er war ein lust'ger Mann – vom Boden auf.
»Ei«, sagt' er, »fällst du so auf dein Gesicht?
Wirst rücklings fallen, wenn du klüger bist.
Nicht wahr, mein Kind?« Und, liebe heil'ge Frau!
Das Mädchen schrie nicht mehr, und sagte: »Ja.«
Da seh' man, wie so 'n Spaß zum Vorschein kommt!
Und lebt' ich tausend Jahre lang, ich wette,
Daß ich es nie vergäß'. »Nicht wahr, mein Kind?« sagt' er,
Und 's liebe Närrchen ward still, und sagte: »Ja.«

GRÄFIN CAPULET.

Genug davon, ich bitte, halt' dich ruhig!

WÄRTERIN.

Ja, gnäd'ge Frau. Doch lächert's mich noch immer.
Wie 's Kind sein Schreien ließ und sagte: »Ja.«
Und saß ihm, meiner Treu, doch eine Beule,
So dick wie 'n Hühnerei, auf seiner Stirn,

Recht g'fährlich dick! und es schrie bitterlich.

Mein Mann, der sagte: »Ei, fällst aufs Gesicht?

Wirst rücklings fallen, wenn du älter bist.

Nicht wahr, mein Kind?« Still ward's, und sagte: »Ja.«

JULIA.

Ich bitt' dich, Amme, sei doch auch nur still!

WÄRTERIN.

Gut, ich bin fertig. Gott behüte dich!

Du warst das feinste Püppchen, das ich säugte.

Erleb' ich deine Hochzeit noch einmal,

So wünsch' ich weiter nichts.

GRÄFIN CAPULET.

Die Hochzeit, ja! das ist der Punkt, von dem

Ich sprechen wollte. Sag mir, liebe Tochter,

Wie steht's mit deiner Lust, dich zu vermählen?

JULIA.

Ich träumte nie von dieser Ehre noch.

WÄRTERIN.

Ein' Ehre! Hätt'st du eine andre Amme

Als mich gehabt, so wollt' ich sagen: Kind,

Du habest Weisheit mit der Milch gesogen.

GRÄFIN CAPULET.

Gut, denke jetzt dran; jünger noch als du

Sind angesehne Frau'n hier in Verona

Schon Mütter worden. Ist mir recht, so war

Ich deine Mutter in demselben Alter,

Wo du noch Mädchen bist. Mit einem Wort:

Der junge Paris wirbt um deine Hand.

WÄRTERIN.

Das ist ein Mann, mein Fräulein! Solch ein Mann

Als alle Welt – ein wahrer Zuckermann!

GRÄFIN CAPULET.

Die schönste Blume von Veronas Flor.
WÄRTERIN.

Ach ja, 'ne Blume! Gelt', 'ne rechte Blume!
GRÄFIN CAPULET.

Was sagst du? Wie gefällt dir dieser Mann?
Heut abend siehst du ihn bei unserm Fest.
Dann lies im Buche seines Angesichts,
In das der Schönheit Griffel Wonne schrieb;
Betrachte seiner Züge Lieblichkeit,
Wie jeglicher dem andern Zierde leiht.
Was dunkel in dem holden Buch geblieben,
Das lies in seinem Aug' am Rand geschrieben.
Und dieses Freiers ungebundner Stand,
Dies Buch der Liebe, braucht nur einen Band.
Der Fisch lebt in der See, und doppelt teuer
Wird äußres Schön' als innrer Schönheit Schleier.
Das Buch glänzt allermeist im Aug' der Welt,
Das goldne Lehr' in goldnen Spangen hält:
So wirst du alles, was er hat, genießen,
Wenn du ihn hast, ohn' etwas einzubüßen.
WÄRTERIN.

Einbüßen? Nein, zunehmen wird sie eher;
Die Weiber nehmen oft durch Männer zu.
GRÄFIN CAPULET.

Sag kurz: fühlst du dem Grafen dich geneigt?
JULIA.

Gern will ich sehn, ob Sehen Neigung zeugt:
Doch weiter soll mein Blick den Flug nicht wagen,
Als ihn die Schwingen Eures Beifalls tragen.

Ein Bedienter kommt.

DER BEDIENTE. Gnädige Frau, die Gäste sind da, das Abendessen auf dem Tisch, Ihr werdet gerufen, das Fräulein gesucht, die Amme in der Speisekammer zum Henker gewünscht, und alles geht drunter und drüber. Ich muß fort, aufwarten: ich bitte Euch, kommt unverzüglich!

GRÄFIN CAPULET.

Gleich! – Paris wartet. Julia, komm geschwind!

WÄRTERIN.

Such' frohe Nächt' auf frohe Tage, Kind!

Ab.

Vierte Szene

Eine Straße. Romeo, Mercutio, Benvolio, mit fünf oder sechs Masken, Fackelträgern und anderen.

ROMEO.

Soll diese Red' uns zur Entschuld'gung dienen?

Wie? oder treten wir nur grad' hinein?

BENVOLIO.

Umschweife solcher Art sind nicht mehr Sitte.

Wir wollen keinen Amor, mit der Schärpe

Geblendet, der den buntbemalten Bogen

Wie ein Tatar geschnitzt aus Latten trägt,

Und wie ein Vogelscheu die Frauen schreckt;

Auch keinen hergebeteten Prolog,

Wobei viel zugeblasen wird, zum Eintritt.

Laßt sie uns nur, wofür sie wollen, nehmen,

Wir nehmen ein paar Tänze mit und gehn.

ROMEO.

Ich mag nicht springen; gebt mir eine Fackel!

Da ich so finster bin, so will ich leuchten.

24

MERCUTIO.

Nein, du mußt tanzen, lieber Romeo.

ROMEO.

Ich wahrlich nicht. Ihr seid so leicht von Sinn
Als leicht beschuht: mich drückt ein Herz von Blei
Zu Boden, daß ich kaum mich regen kann.

MERCUTIO.

Ihr seid ein Liebender: borgt Amors Flügel,
Und schwebet frei in ungewohnten Höh'n!

ROMEO.

Ich bin zu tief von seinem Pfeil durchbohrt,
Auf seinen leichten Schwingen hoch zu schweben.
Gewohnte Fesseln lassen mich nicht frei;
Ich sinke unter schwerer Liebeslast.

MERCUTIO.

Und wolltet Ihr denn in die Liebe sinken?
Ihr seid zu schwer für ein so zartes Ding.

ROMEO.

Ist Lieb' ein zartes Ding? Sie ist zu rauh,
Zu wild, zu tobend; und sie sticht wie Dorn.

MERCUTIO.

Begegnet Lieb' Euch rauh, so tut desgleichen!
Stecht Liebe, wenn sie sticht: das schlägt sie nieder.

Zu einem andern aus dem Gefolge.

Gebt ein Gehäuse für mein Antlitz mir:
'ne Larve für 'ne Larve!

Bindet die Maske vor.

Nun erspähe
Die Neugier Mißgestalt: was kümmert's mich?
Erröten wird für mich dies Wachsgesicht.

BENVOLIO.

Fort! Klopft, und dann hinein! Und sind wir drinnen,

So rühre gleich ein jeder flink die Beine!

ROMEO.

Mir eine Fackel! Leichtgeherzte Buben,

Die laßt das Estrich mit den Sohlen kitzeln:

Ich habe mich verbrämt mit einem alten

Großvaterspruch: »Wer 's Licht hält, schauet zu!«

Nie war das Spiel so schön; doch ich bin matt.

MERCUTIO.

Jawohl zu matt, dich aus dem Schlamme – nein,

Der Liebe, wollt' ich sagen – dich zu ziehn,

Worin du leider steckst bis an die Ohren.

Macht fort! Wir leuchten ja dem Tage hier.

ROMEO.

Das tun wir nicht.

MERCUTIO.

Ich meine, wir verscherzen,

Wie Licht bei Tag', durch Zögern unsre Kerzen.

Nehmt meine Meinung nach dem guten Sinn,

Und sucht nicht Spiele des Verstandes drin!

ROMEO.

Wir meinen's gut, da wir zum Balle gehen,

Doch es ist Unverstand.

MERCUTIO.

Wie? laßt doch sehen!

ROMEO.

Ich hatte diese Nacht 'nen Traum.

MERCUTIO.

Auch ich.

ROMEO.

Was war der Eure?

MERCUTIO.

Daß auf Träume sich

Nichts bauen läßt, daß Träume öfters lügen.

ROMEO.

Sie träumen Wahres, weil sie schlafend liegen.

MERCUTIO.

Nun seh' ich wohl, Frau Mab hat Euch besucht.

ROMEO.

Frau Mab, wer ist sie?

MERCUTIO.

Sie ist der Feenwelt Entbinderin.

Sie kömmt, nicht größer als der Edelstein

Am Zeigefinger eines Aldermanns,

Und fährt mit einem Spann von Sonnenstäubchen

Den Schlafenden quer auf der Nase hin.

Die Speichen sind gemacht aus Spinnenbeinen,

Des Wagens Deck' aus eines Heupferds Flügeln,

Aus feinem Spinngewebe das Geschirr,

Die Zügel aus des Mondes feuchtem Strahl;

Aus Heimchenknochen ist der Peitsche Griff,

Die Schnur aus Fasern; eine kleine Mücke

Im grauen Mantel sitzt als Fuhrmann vorn,

Nicht halb so groß als wie ein kleines Würmchen,

Das in des Mädchens müß'gem Finger nistet.

Die Kutsch' ist eine hohle Haselnuß,

Vom Tischler Eichhorn oder Meister Wurm

Zurecht gemacht, die seit uralten Zeiten

Der Feen Wagner sind. In diesem Staat

Trabt sie dann Nacht für Nacht; befährt das Hirn

Verliebter, und sie träumen dann von Liebe;

Des Schranzen Knie, der schnell von Reverenzen,

Des Anwalts Finger, der von Sporteln gleich,

Der schönen Lippen, die von Küssen träumen
(Oft plagt die böse Mab mit Bläschen diese,
Weil ihren Odem Näscherei verdarb).
Bald trabt sie über eines Hofmanns Nase,
Dann wittert er im Traum sich Ämter aus.
Bald kitzelt sie mit eines Zinshahns Federn
Des Pfarrers Nase, wenn er schlafend liegt:
Von einer bessern Pfründe träumt ihm dann.
Bald fährt sie über des Soldaten Nacken:
Der träumt sofort von Niedersäbeln, träumt
Von Breschen, Hinterhalten, Damaszenern,
Von manchem klaftertiefen Ehrentrunk;
Nun trommelt's ihm ins Ohr; da fährt er auf,
Und flucht in seinem Schreck ein paar Gebete,
Und schläft von neuem. Eben diese Mab
Verwirrt der Pferde Mähnen in der Nacht,
Und flicht in strupp'ges Haar die Weichselzöpfe,
Die, wiederum entwirrt, auf Unglück deuten.
Dies ist die Hexe, welche Mädchen drückt,
Die auf dem Rücken ruhn, und ihnen lehrt,
Als Weiber einst die Männer zu ertragen.
Dies ist sie –
ROMEO.
Still, o still, Mercutio!
Du sprichst von einem Nichts.
MERCUTIO.
Wohl wahr, ich rede
Von Träumen, Kindern eines müß'gen Hirns,
Von nichts als eitler Phantasie erzeugt,
Die aus so dünnem Stoff als Luft besteht
Und flücht'ger wechselt, als der Wind, der bald
Um die erfrorne Brust des Nordens buhlt

28

Und, schnell erzürnt, hinweg von dannen schnaubend,
Die Stirn zum taubeträuften Süden kehrt.
BENVOLIO.
Der Wind, von dem Ihr sprecht, entführt uns selbst.
Man hat gespeist; wir kamen schon zu spät.
ROMEO.
Zu früh, befürcht' ich; denn mein Herz erbangt,
Und ahndet ein Verhängnis, welches, noch
Verborgen in den Sternen, heute nacht
Bei dieser Lustbarkeit den furchtbar'n Zeitlauf
Beginnen, und das Ziel des läst'gen Lebens,
Das meine Brust verschließt, mir kürzen wird
Durch irgendeinen Frevel frühen Todes:
Doch er, der mir zur Fahrt das Steuer lenkt,
Richt' auch mein Segel! – Auf, ihr lust'gen Freunde!
BENVOLIO.
Rührt Trommeln!

Gehn ab.

Fünfte Szene

Ein Saal in Capulets Hause. Musikanten. Bediente kommen.

ERSTER BEDIENTE. Wo ist Schmorpfanne, daß er nicht abräumen
hilft? Daß dich! mit seinem Tellermausen, seinem Tellerlecken!
ZWEITER BEDIENTE. Wenn die gute Lebensart in eines oder
zweier Menschen Händen sein soll, die noch obendrein ungewa-
schen sind, – 's ist ein unsaubrer Handel.
ERSTER BEDIENTE. Die Lehnstühle fort! Rückt den Schenktisch
beiseit! Seht nach dem Silberzeuge! Kamerad, heb mir ein Stück
Marzipan auf, und wo du mich lieb hast, sag dem Pförtner, daß
er Suse Mühlstein und Lene hereinläßt. Anton! Schmorpfanne!

29

Andre Bediente kommen.

BEDIENTE. Hier, Bursch, wir sind parat.

ERSTER BEDIENTE. Im großen Saale verlangt man euch, vermißt man euch, sucht man euch.

BEDIENTE. Wir können nicht zugleich hier und dort sein. – Lustig, Kerle! Haltet euch brav; wer am längsten lebt, kriegt den ganzen Bettel.

Sie ziehen sich in den Hintergrund zurück.

Capulet u.s.w. mit den Gästen und Masken.

CAPULET.
Willkommen, meine Herren! Wenn eure Füße
Kein Leichdorn plagt, ihr Damen, flink ans Werk!
He, he, ihr schönen Frau'n! Wer von euch allen
Schlägt's nun wohl ab zu tanzen? Ziert sich eine, – die,
Ich wette, die hat Hühneraugen. Nun,
Hab' ich's euch nahgelegt? Ihr Herrn, willkommen!
Ich weiß die Zeit, da ich 'ne Larve trug
Und einer Schönen eine Weis' ins Ohr
Zu flüstern wußte, die ihr wohlgefiel.
Das ist vorbei, vorbei! Willkommen, Herren!
Kommt, Musikanten, spielt! Macht Platz da, Platz!
Ihr Mädchen, frisch gesprungen!

Musik und Tanz. Zu den Bedienten.

Mehr Licht, ihr Schurken, und beiseit' die Tische!
Das Feuer weg! Das Zimmer ist zu heiß. –
Ha, recht gelegen kömmt der unverhoffte Spaß.
Na, setzt Euch, setzt Euch, Vetter Capulet!
Wir beide sind ja übers Tanzen hin.
Wie lang' ist's jetzo, seit wir uns zuletzt

30

In Larven steckten?

ZWEITER CAPULET.

Dreißig Jahr, mein' Seel'.

CAPULET.

Wie, Schatz? So lang' noch nicht, so lang' noch nicht!

Denn seit der Hochzeit des Lucentio

Ist's etwa fünfundzwanzig Jahr, sobald

Wir Pfingsten haben; und da tanzten wir.

ZWEITER CAPULET.

's ist mehr, 's ist mehr! Sein Sohn ist älter, Herr:

Sein Sohn ist dreißig.

CAPULET.

Sagt mir das doch nicht!

Sein Sohn war noch nicht mündig vor zwei Jahren.

ROMEO *zu einem Bedienten aus seinem Gefolge.*

Wer ist das Fräulein, welche dort den Ritter

Mit ihrer Hand beehrt?

DER BEDIENTE.

Ich weiß nicht, Herr.

ROMEO.

Oh, sie nur lehrt den Kerzen, hell zu glühn!

Wie in dem Ohr des Mohren ein Rubin,

So hängt der Holden Schönheit an den Wangen

Der Nacht: zu hoch, zu himmlisch dem Verlangen!

Sie stellt sich unter den Gespielen dar

Als weiße Taub' in einer Krähenschar.

Schließt sich der Tanz, so nah' ich ihr: ein Drücken

Der zarten Hand soll meine Hand beglücken.

Liebt' ich wohl je? Nein, schwör' es ab, Gesicht!

Du sahst bis jetzt noch wahre Schönheit nicht.

TYBALT.

Nach seiner Stimm' ist dies ein Montague.

Zu einem Bedienten.

Hol' meinen Degen, Bursch! –Was? wagt der Schurk',
Vermummt in eine Fratze herzukommen,
Zu Hohn und Schimpfe gegen unser Fest?
Fürwahr, bei meines Stammes Ruhm und Adel!
Wer tot ihn schlüg', verdiente keinen Tadel!

CAPULET.

Was habt Ihr, Vetter? Welch ein Sturm? Wozu?

TYBALT.

Seht, Oheim! der da ist ein Montague.
Der Schurke drängt sich unter Eure Gäste
Und macht sich einen Spott an diesem Feste.

CAPULET.

Ist es der junge Romeo?

TYBALT.

Der Schurke Romeo.

CAPULET.

Seid ruhig, Herzensvetter! Laßt ihn gehn!
Er hält sich wie ein wackrer Edelmann:
Und in der Tat, Verona preiset ihn
Als einen sitt'gen, tugendsamen Jüngling.
Ich möchte nicht für alles Gut der Stadt
In meinem Haus ihm einen Unglimpf tun.
Drum seid geduldig: merket nicht auf ihn!
Das ist mein Will', und wenn du diesen ehrst,
So zeig' dich freundlich, streif' die Runzeln weg,
Die übel sich bei einem Feste ziemen!

TYBALT.

Kömmt solch ein Schurk' als Gast, so stehn sie wohl.
Ich leid' ihn nicht.

CAPULET.

Er soll gelitten werden,

32

Er soll! – Herr Junge, hört er das? Nur zu!

Wer ist hier Herr? Er oder ich? Nur zu!

So? will er ihn nicht leiden! – Helf' mir Gott! –

Will Hader unter meinen Gästen stiften?

Den Hahn im Korbe spielen? Seht mir doch!

TYBALT.

Ist's nicht 'ne Schande, Oheim?

CAPULET.

Zu! Nur zu!

Ihr seid ein kecker Bursch. Ei, seht mir doch!

Der Streich mag Euch gereun: ich weiß schon was.

Ihr macht mir's bunt! Traun, das käm' eben recht! –

Brav, Herzenskinder! – Geht, Ihr seid ein Hase!

Seid ruhig, sonst – Mehr Licht, mehr Licht, zum Kuckuck! –

Will ich zur Ruh' Euch bringen! – Lustig, Kinder!

TYBALT.

Mir kämpft Geduld aus Zwang mit will'ger Wut

Im Innern und empört mein siedend Blut.

Ich gehe: doch so frech sich aufzudringen,

Was Lust ihm macht, soll bittern Lohn ihm bringen.

Geht ab.

ROMEO *tritt zu Julien.*

Entweihet meine Hand verwegen dich,

O Heil'genbild, so will ich's lieblich büßen.

Zwei Pilger, neigen meine Lippen sich,

Den herben Druck im Kusse zu versüßen.

JULIA.

Nein, Pilger, lege nichts der Hand zu schulden

Für ihren sittsam-andachtsvollen Gruß.

Der Heil'gen Rechte darf Berührung dulden,

Und Hand in Hand ist frommer Waller Kuß.

ROMEO.

Hat nicht der Heil'ge Lippen wie der Waller?

JULIA.

Ja, doch Gebet ist die Bestimmung aller.

ROMEO.

Oh, so vergönne, teure Heil'ge, nun,

Daß auch die Lippen wie die Hände tun.

Voll Inbrunst beten sie zu dir: erhöre,

Daß Glaube nicht sich in Verzweiflung kehre!

JULIA.

Du weißt, ein Heil'ger pflegt sich nicht zu regen,

Auch wenn er eine Bitte zugesteht.

ROMEO.

So reg' dich, Holde, nicht, wie Heil'ge pflegen,

Derweil mein Mund dir nimmt, was er erfleht.

Er küßt sie.

Nun hat dein Mund ihn aller Sünd' entbunden.

JULIA.

So hat mein Mund zum Lohn sie für die Gunst?

ROMEO.

Zum Lohn die Sünd'? O Vorwurf, süß erfunden!

Gebt sie zurück!

Küßt sie wieder.

JULIA.

Ihr küßt recht nach der Kunst.

WÄRTERIN.

Mama will Euch ein Wörtchen sagen, Fräulein.

ROMEO.

Wer ist des Fräuleins Mutter?

WÄRTERIN.

Ei nun, Junker,

Das ist die gnäd'ge Frau vom Hause hier,

Gar eine wackre Frau, und klug und ehrsam.

Die Tochter, die Ihr spracht, hab' ich gesäugt.

Ich sag' Euch, wer sie habhaft werden kann,

Ist wohl gebettet.

ROMEO.

Sie ein' Capulet! O teurer Preis! mein Leben

Ist meinem Feind als Schuld dahingegeben.

BENVOLIO.

Fort! Laßt uns gehn; die Lust ist bald dahin.

ROMEO.

Ach, leider wohl! Das ängstet meinen Sinn.

CAPULET.

Nein, liebe Herrn, denkt noch ans Weggehn nicht!

Ein kleines, schlechtes Mahl ist schon bereitet. –

Muß es denn sein? – Nun wohl, ich dank' euch allen;

Ich dank' euch, edle Herren! Gute Nacht!

Mehr Fackeln her! – Kommt nun, bringt mich zu Bett!

(Wahrhaftig, es wird spät; ich will zur Ruh'.)

Alle ab, außer Julia und die Wärterin.

JULIA.

Komm zu mir, Amme: wer ist dort der Herr?

WÄRTERIN.

Tiberios, des alten, Sohn und Erbe.

JULIA.

Wer ist's, der eben aus der Türe geht?

WÄRTERIN.

Das, denk' ich, ist der junge Marcellin.

JULIA.

Wer folgt ihm da, der gar nicht tanzen wollte?

WÄRTERIN.

Ich weiß nicht.

JULIA.

Geh, frage, wie er heißt. – Ist er vermählt,

So ist das Grab zum Brautbett mir erwählt.

WÄRTERIN *kommt zurück.*

Sein Nam ist Romeo, ein Montague,

Und Eures großen Feindes ein'ger Sohn.

JULIA.

So ein'ge Lieb' aus großem Haß entbrannt!

Ich sah zu früh, den ich zu spät erkannt.

Oh, Wunderwerk! ich fühle mich getrieben,

Den ärgsten Feind aufs zärtlichste zu lieben.

WÄRTERIN.

Wieso? wieso?

JULIA.

Es ist ein Reim, den ich von einem Tänzer

Soeben lernte.

Man ruft drinnen: »Julia!«

WÄRTERIN.

Gleich! wir kommen ja.

Kommt, laßt uns gehn; kein Fremder ist mehr da.

Ab.

Zweiter Aufzug

Erste Szene

Ein offner Platz, der an Capulets Garten stößt. Romeo tritt auf.

ROMEO.

Kann ich von hinnen, da mein Herz hier bleibt?
Geh, frost'ge Erde, suche deine Sonne!

Er ersteigt die Mauer und springt hinunter.

Benvolio und Mercutio treten auf.

BENVOLIO.

He, Romeo! he, Vetter!

MERCUTIO.

Er ist klug,
Und hat, mein' Seel', sich heim ins Bett gestohlen.

BENVOLIO.

Er lief hieher und sprang die Gartenmauer
Hinüber. Ruf' ihn, Freund Mercutio!

MERCUTIO.

Ja, auch beschwören will ich. Romeo!
Was? Grillen! Toller! Leidenschaft! Verliebter!
Erscheine du, gestaltet wie ein Seufzer;
Sprich nur ein Reimchen, so genügt mir's schon;
Ein Ach nur jammre, paare Lieb' und Triebe;
Gib der Gevatt'rin Venus ein gut Wort,
Schimpf' eins auf ihren blinden Sohn und Erben,
Held Amor, der so flink gezielt, als König

Kophetua das Bettlermädchen liebte.
Er höret nicht, er regt sich nicht, er rührt sich nicht.
Der Aff' ist tot; ich muß ihn wohl beschwören.
Nun wohl: Bei Rosalindens hellem Auge,
Bei ihrer Purpurlipp' und hohen Stirn,
Bei ihrem zarten Fuß, dem schlanken Bein,
Den üpp'gen Hüften und der Region,
Die ihnen nahe liegt, beschwör' ich dich,
Daß du in eigner Bildung uns erscheinest.

BENVOLIO.
Wenn er dich hört, so wird er zornig werden.

MERCUTIO.
Hierüber kann er's nicht; er hätte Grund,
Bannt' ich hinauf in seiner Dame Kreis
Ihm einen Geist von seltsam eigner Art,
Und ließe den da stehn, bis sie den Trotz
Gezähmt und nieder ihn beschworen hätte.
Das wär' Beschimpfung! Meine Anrufung
Ist gut und ehrbar; mit der Liebsten Namen
Beschwör' ich ihn, bloß um ihn aufzurichten.

BENVOLIO.
Kommt! Er verbarg sich unter jenen Bäumen,
Und pflegt des Umgangs mit der feuchten Nacht.
Die Lieb' ist blind, das Dunkel ist ihr recht.

MERCUTIO.
Ist Liebe blind, so zielt sie freilich schlecht.
Nun sitzt er wohl an einen Baum gelehnt,
Und wünscht, sein Liebchen wär' die reife Frucht,
Und fiel' ihm in den Schoß. Doch, gute Nacht,
Freund Romeo! Ich will ins Federbett,
Das Feldbett ist zum Schlafen mir zu kalt.
Kommt, gehn wir!

BENVOLIO.

Ja, es ist vergeblich, ihn
Zu suchen, der nicht will gefunden sein.

Ab.

Zweite Szene

Capulets Garten. Romeo kommt.

ROMEO.

Der Narben lacht, wer Wunden nie gefühlt.

Julia erscheint oben an einem Fenster.

Doch still, was schimmert durch das Fenster dort?
Es ist der Ost, und Julia die Sonne! –
Geh auf, du holde Sonn'! Ertöte Lunen,
Die neidisch ist und schon vor Grame bleich,
Daß du viel schöner bist, obwohl ihr dienend.
Oh, da sie neidisch ist, so dien' ihr nicht!
Nur Toren gehn in ihrer blassen, kranken
Vestalentracht einher: wirf du sie ab!
Sie ist es, meine Göttin! meine Liebe!
O wüßte sie, daß sie es ist! –
Sie spricht, doch sagt sie nichts: was schadet das?
Ihr Auge red't, ich will ihm Antwort geben. –
Ich bin zu kühn, es redet nicht zu mir.
Ein Paar der schönsten Stern' am ganzen Himmel
Wird ausgesandt, und bittet Juliens Augen,
In ihren Kreisen unterdes zu funkeln.
Doch wären ihre Augen dort, die Sterne
In ihrem Antlitz? Würde nicht der Glanz
Von ihren Wangen jene so beschämen,
Wie Sonnenlicht die Lampe? Würd' ihr Aug'

Aus luft'gen Höh'n sich nicht so hell ergießen,
Daß Vögel sängen, froh den Tag zu grüßen?
Oh, wie sie auf die Hand die Wange lehnt!
Wär' ich der Handschuh doch auf dieser Hand,
Und küßte diese Wange!

JULIA.

Weh mir!

ROMEO.

Horch!

Sie spricht! Oh, sprich noch einmal, holder Engel!
Denn über meinem Haupt erscheinest du
Der Nacht so glorreich, wie ein Flügelbote
Des Himmels dem erstaunten, über sich
Gekehrten Aug' der Menschensöhne, die
Sich rücklings werfen, um ihm nachzuschaun,
Wenn er dahin fährt auf den trägen Wolken
Und auf der Luft gewölbtem Busen schwebt.

JULIA.

O Romeo! warum denn Romeo?
Verleugne deinen Vater, deinen Namen!
Willst du das nicht, schwör' dich zu meinem Liebsten,
Und ich bin länger keine Capulet!

ROMEO *für sich*.

Hör' ich noch länger, oder soll ich reden?

JULIA.

Dein Nam' ist nur mein Feind. Du bliebst du selbst,
Und wärst du auch kein Montague. Was ist
Denn Montague? Es ist nicht Hand, nicht Fuß,
Nicht Arm noch Antlitz, noch ein andrer Teil.
Was ist ein Name? Was uns Rose heißt,
Wie es auch hieße, würde lieblich duften;
So Romeo, wenn er auch anders hieße,

Er würde doch den köstlichen Gehalt
Bewahren, welcher sein ist ohne Titel.
O Romeo, leg' deinen Namen ab,
Und für den Namen, der dein Selbst nicht ist,
Nimm meines ganz!

ROMEO *indem er näher hinzutritt.*

Ich nehme dich beim Wort.
Nenn' Liebster mich, so bin ich neu getauft,
Ich will hinfort nicht Romeo mehr sein.

JULIA.

Wer bist du, der du, von der Nacht beschirmt,
Dich drängst in meines Herzens Rat?

ROMEO.

Mit Namen
Weiß ich dir nicht zu sagen, wer ich bin.
Mein eigner Name, teure Heil'ge, wird,
Weil er dein Feind ist, von mir selbst gehaßt.
Hätt' ich ihn schriftlich, so zerriss' ich ihn.

JULIA.

Mein Ohr trank keine hundert Worte noch
Von diesen Lippen, doch es kennt den Ton.
Bist du nicht Romeo, ein Montague?

ROMEO.

Nein, Holde; keines, wenn dir eins mißfällt.

JULIA.

Wie kamst du her? o sag mir, und warum?
Die Gartenmau'r ist hoch, schwer zu erklimmen;
Die Stätt' ist Tod, bedenk' nur, wer du bist,
Wenn einer meiner Vettern dich hier findet.

ROMEO.

Der Liebe leichte Schwingen trugen mich;
Kein steinern Bollwerk kann der Liebe wehren;

Und Liebe wagt, was irgend Liebe kann:

Drum hielten deine Vettern mich nicht auf.

JULIA.

Wenn sie dich sehn, sie werden dich ermorden.

ROMEO.

Ach, deine Augen drohn mir mehr Gefahr

Als zwanzig ihrer Schwerter; blick' du freundlich,

So bin ich gegen ihren Haß gestählt.

JULIA.

Ich wollt' um alles nicht, daß sie dich sähn.

ROMEO.

Vor ihnen hüllt mich Nacht in ihren Mantel.

Liebst du mich nicht, so laß sie nur mich finden:

Durch ihren Haß zu sterben wär' mir besser,

Als ohne deine Liebe Lebensfrist.

JULIA.

Wer zeigte dir den Weg zu diesem Ort?

ROMEO.

Die Liebe, die zuerst mich forschen hieß.

Sie lieh mir Rat, ich lieh ihr meine Augen.

Ich bin kein Steuermann; doch wärst du fern

Wie Ufer, von dem fernsten Meer bespült,

Ich wagte mich nach solchem Kleinod hin.

JULIA.

Du weißt, die Nacht verschleiert mein Gesicht,

Sonst färbte Mädchenröte meine Wangen

Um das, was du vorhin mich sagen hörtest.

Gern hielt' ich streng auf Sitte, möchte gern

Verleugnen, was ich sprach: doch weg mit Förmlichkeit!

Sag, liebst du mich? Ich weiß, du wirst's bejahn,

Und will dem Worte traun; doch wenn du schwörst,

So kannst du treulos werden; wie sie sagen,

Lacht Jupiter des Meineids der Verliebten.
O holder Romeo! wenn du mich liebst:
Sag's ohne Falsch! Doch dächtest du, ich sei
Zu schnell besiegt, so will ich finster blicken,
Will widerspenstig sein, und nein dir sagen,
So du dann werben willst: sonst nicht um alles!
Gewiß, mein Montague, ich bin zu herzlich;
Du könntest denken, ich sei leichten Sinns.
Doch glaube, Mann, ich werde treuer sein
Als sie, die fremd zu tun geschickter sind.
Auch ich, bekenn' ich, hätte fremd getan,
Wär' ich von dir, eh' ich's gewahrte, nicht
Belauscht in Liebesklagen. Drum vergib!
Schilt diese Hingebung nicht Flatterliebe,
Die so die stille Nacht verraten hat!

ROMEO.
Ich schwöre, Fräulein, bei dem heil'gen Mond,
Der silbern dieser Bäume Wipfel säumt ...

JULIA.
O schwöre nicht beim Mond, dem Wandelbaren,
Der immerfort in seiner Scheibe wechselt,
Damit nicht wandelbar dein Lieben sei!

ROMEO.
Wobei denn soll ich schwören?

JULIA.
Laß es ganz!
Doch willst du, schwör' bei deinem edlen Selbst,
Dem Götterbilde meiner Anbetung!
So will ich glauben.

ROMEO.
Wenn die Herzensliebe ...

JULIA.

Gut, schwöre nicht: Obwohl ich dein mich freue,

Freu' ich mich nicht des Bundes dieser Nacht.

Er ist zu rasch, zu unbedacht, zu plötzlich;

Gleicht allzusehr dem Blitz, der nicht mehr ist,

Noch eh' man sagen kann: »Es blitzt.« – Schlaf' süß!

Des Sommers warmer Hauch kann diese Knospe

Der Liebe wohl zur schönen Blum' entfalten,

Bis wir das nächste Mal uns wiedersehn.

Nun gute Nacht! So süße Ruh' und Frieden,

Als mir im Busen wohnt, sei dir beschieden!

ROMEO.

Ach, du verlässest mich so unbefriedigt?

JULIA.

Was für Befriedigung begehrst du noch?

ROMEO.

Gib deinen treuen Liebesschwur für meinen!

JULIA.

Ich gab ihn dir, eh' du darum gefleht:

Und doch, ich wollt', er stünde noch zu geben.

ROMEO.

Wollt'st du ihn mir entziehn? Wozu das, Liebe?

JULIA.

Um unverstellt ihn dir zurückzugeben.

Allein ich wünsche, was ich habe, nur.

So grenzenlos ist meine Huld, die Liebe

So tief ja wie das Meer. Je mehr ich gebe,

Je mehr auch hab' ich: beides ist unendlich.

Ich hör' im Haus Geräusch; leb wohl, Geliebter!

Die Wärterin ruft hinter der Szene.

Gleich, Amme! Holder Montague, sei treu!
Wart' einen Augenblick: ich komme wieder.

Sie geht zurück.

ROMEO.

O sel'ge, sel'ge Nacht! Nur fürcht' ich, weil
Mich Nacht umgibt, dies alles sei nur Traum,
Zu schmeichelnd süß, um wirklich zu bestehn.

Julia erscheint wieder am Fenster

JULIA.

Drei Worte, Romeo; dann gute Nacht!
Wenn deine Liebe, tugendsam gesinnt,
Vermählung wünscht, so laß mich morgen wissen
Durch jemand, den ich zu dir senden will,
Wo du und wann die Trauung willst vollziehn.
Dann leg' ich dir mein ganzes Glück zu Füßen,
Und folge durch die Welt dir als Gebieter. –

Die Wärterin hinter der Szene: »Fräulein!«

Ich komme; gleich! – Doch meinst du es nicht gut,
So bitt' ich dich ...

Die Wärterin hinter der Szene: »Fräulein!«

Im Augenblick: ich komme! –
... Hör' auf zu werben, laß mich meinem Gram!
Ich sende morgen früh –
ROMEO.

Beim ew'gen Heil –
JULIA.

Nun tausend gute Nacht!

Geht zurück

ROMEO.

Raubst du dein Licht ihr, wird sie bang durchwacht.

Wie Knaben aus der Schul', eilt Liebe hin zum Lieben,

Wie Knaben an ihr Buch, wird sie hinweg getrieben.

Er entfernt sich langsam. Julia erscheint wieder am Fenster.

JULIA.

St! Romeo, st! – Oh, eines Jägers Stimme,

Den edlen Falken wieder herzulocken!

Abhängigkeit ist heiser, wagt nicht laut

Zu reden, sonst zersprengt' ich Echos Kluft,

Und machte heis'rer ihre luft'ge Kehle,

Als meine, mit dem Namen Romeo.

ROMEO *umkehrend.*

Mein Leben ist's, das meinen Namen ruft.

Wie silbersüß tönt bei der Nacht die Stimme

Der Liebenden, gleich lieblicher Musik

Dem Ohr des Lauschers!

JULIA.

Romeo!

ROMEO.

Mein Fräulein?

JULIA.

Um welche Stunde soll ich morgen schicken?

ROMEO.

Um neun.

JULIA.

Ich will nicht säumen: zwanzig Jahre

Sind's bis dahin. Doch ich vergaß, warum

Ich dich zurückgerufen.

ROMEO.

Laß hier mich stehn, derweil du dich bedenkst.

46

JULIA.

Auf daß du stets hier weilst, werd' ich vergessen,
Bedenkend, wie mir deine Näh' so lieb.

ROMEO.

Auf daß du stets vergessest, werd' ich weilen,
Vergessend, daß ich irgend sonst daheim.

JULIA.

Es tagt beinah', ich wollte nun, du gingst:
Doch weiter nicht, als wie ein tändelnd Mädchen
Ihr Vögelchen der Hand entschlüpfen läßt,
Gleich einem Armen in der Banden Druck,
Und dann zurück ihn zieht am seidnen Faden;
So liebevoll mißgönnt sie ihm die Freiheit.

ROMEO.

Wär' ich dein Vögelchen!

JULIA.

Ach, wärst du's, Lieber!
Doch hegt' und pflegt' ich dich gewiß zu Tod.
Nun gute Nacht! So süß ist Trennungswehe,
Ich rief' wohl gute Nacht, bis ich den Morgen sähe.

Sie geht zurück.

ROMEO.

Schlaf' wohn' auf deinem Aug', Fried' in der Brust!
O wär' ich Fried' und Schlaf, und ruht' in solcher Lust!
Ich will zur Zell' des frommen Vaters gehen,
Mein Glück ihm sagen, und um Hülf' ihn flehen.

Ab.

Dritte Szene

Ein Klostergarten. Bruder Lorenzo mit einem Körbchen.

LORENZO.

Der Morgen lächelt froh der Nacht ins Angesicht
Und säumet das Gewölk im Ost mit Streifen Licht.
Die matte Finsternis flieht wankend, wie betrunken,
Von Titans Pfad, besprüht von seiner Rosse Funken.
Eh' höher nun die Sonn' ihr glühend Aug' erhebt,
Den Tau der Nacht verzehrt und neu die Welt belebt,
Muß ich dies Körbchen hier voll Kraut und Blumen lesen,
Voll Pflanzen gift'ger Art, und diensam zum Genesen.
Die Mutter der Natur, die Erd', ist auch ihr Grab,
Und was ihr Schoß gebar, sinkt tot in ihn hinab.
Und Kinder mannigfalt, so all ihr Schoß empfangen,
Sehn wir, gesäugt von ihr, an ihren Brüsten hangen;
An vielen Tugenden sind viele drunter reich,
Ganz ohne Wert nicht eins, doch keins dem andern gleich.
Oh, große Kräfte sind's, weiß man sie recht zu pflegen,
Die Pflanzen, Kräuter, Stein' in ihrem Innern hegen.
Was nur auf Erden lebt, da ist auch nichts so schlecht,
Daß es der Erde nicht besondern Nutzen brächt'.
Doch ist auch nichts so gut, das, diesem Ziel entwendet,
Abtrünnig seiner Art, sich nicht durch Mißbrauch schändet.
In Laster wandelt sich selbst Tugend, falsch geübt,
Wie Ausführung auch wohl dem Laster Würde gibt.
Die kleine Blume hier beherbergt gift'ge Säfte
In ihrer zarten Hüll' und milde Heilungskräfte!
Sie labet den Geruch, und dadurch jeden Sinn;
Gekostet, dringt sie gleich zum Herzen tötend hin.
Zwei Feinde lagern so im menschlichen Gemüte
Sich immerdar im Kampf: verderbter Will' und Güte;

48

Und wo das Schlechtre herrscht mit siegender Gewalt,
Dergleichen Pflanze frißt des Todes Wurm gar bald.

Romeo tritt auf.

ROMEO.

Mein Vater, guten Morgen!

LORENZO.

Sei der Herr gesegnet!

Wes ist der frühe Gruß, der freundlich mir begegnet?

Mein junger Sohn, es zeigt, daß wildes Blut dich plagt,

Daß du dem Bett so früh schon Lebewohl gesagt.

Die wache Sorge lauscht im Auge jedes Alten,

Und Schlummer bettet nie sich da, wo Sorgen walten.

Doch da wohnt goldner Schlaf, wo mit gesundem Blut

Und grillenfreiem Hirn die frische Jugend ruht.

Drum läßt mich sicherlich dein frühes Kommen wissen,

Daß innre Unordnung vom Lager dich gerissen.

Wie? oder hätte gar mein Romeo die Nacht

(Nun rat' ich's besser) nicht im Bette hingebracht?

ROMEO.

So ist's, ich wußte mir viel süßre Ruh' zu finden.

LORENZO.

Verzeih' die Sünde Gott! Warst du bei Rosalinden?

ROMEO.

Bei Rosalinden, ich? Ehrwürd'ger Vater, nein!

Vergessen ist der Nam' und dieses Namens Pein.

LORENZO.

Das ist mein wackrer Sohn! Allein wo warst du? sage!

ROMEO.

So hör': ich spare gern dir eine zweite Frage.

Ich war bei meinem Feind auf einem Freudenmahl,

Und da verwundete mich jemand auf einmal.

Desgleichen tat ich ihm, und für die beiden Wunden

Wird heil'ge Arzenei bei deinem Amt gefunden.

Ich hege keinen Groll, mein frommer, alter Freund:

Denn sieh! zu statten kömmt die Bitt' auch meinem Feind.

LORENZO.

Einfältig, lieber Sohn! Nicht Silben fein gestochen!

Wer Rätsel beichtet, wird in Rätseln losgesprochen.

ROMEO.

So wiss' einfältiglich: ich wandte Seel' und Sinn

In Lieb' auf Capulets holdsel'ge Tochter hin.

Sie gab ihr ganzes Herz zurück mir für das meine,

Und uns Vereinten fehlt zum innigsten Vereine

Die heil'ge Trauung nur: doch wie und wo und wann

Wir uns gesehn, erklärt, und Schwur um Schwur getan,

Das alles will ich dir auf unserm Weg erzählen;

Nur bitt' ich, will'ge drein, noch heut uns zu vermählen!

LORENZO.

O heiliger Sankt Franz! Was für ein Unbestand!

Ist Rosalinde schon aus deiner Brust verbannt,

Die du so heiß geliebt? Liegt junger Männer Liebe

Denn in den Augen nur, nicht in des Herzens Triebe?

O heiliger Sankt Franz! wie wusch ein salzig Naß

Um Rosalinden dir so oft die Wange blaß!

Und löschen konnten doch so viele Tränenfluten

Die Liebe nimmer dir: sie schürten ihre Gluten.

Noch schwebt der Sonn' ein Dunst von deinen Seufzern vor;

Dein altes Stöhnen summt mir noch im alten Ohr.

Sieh, auf der Wange hier ist noch die Spur zu sehen

Von einer alten Trän', die noch nicht will vergehen.

Und warst du je du selbst, und diese Schmerzen dein,

So war der Schmerz und du für Rosalind' allein.

Und so verwandelt nun? Dann leide, daß ich spreche:

Ein Weib darf fallen, wohnt in Männern solche Schwäche.
ROMEO.

Oft schmältest du mit mir um Rosalinden schon.
LORENZO.

Weil sie dein Abgott war; nicht weil du liebtest, Sohn.
ROMEO.

Und mahntest oft mich an, die Liebe zu besiegen.
LORENZO.

Nicht um in deinem Sieg der zweiten zu erliegen.
ROMEO.

Ich bitt' dich, schmäl' nicht! Sie, der jetzt mein Herz gehört,
Hat Lieb' um Liebe mir und Gunst um Gunst gewährt.
Das tat die andre nie.
LORENZO.

Sie wußte wohl, dein Lieben
Sei zwar ein köstlich Wort, doch nur in Sand geschrieben.
Komm, junger Flattergeist! Komm nur, wir wollen gehn;
Ich bin aus einem Grund geneigt, dir beizustehn:
Vielleicht, daß dieser Bund zu großem Glück sich wendet,
Und eurer Häuser Groll durch ihn in Freundschaft endet.
ROMEO.

O laß uns fort von hier! Ich bin in großer Eil'.
LORENZO.

Wer hastig läuft, der fällt: drum eile nur mit Weil'!

Beide ab.

Vierte Szene

Eine Straße. Benvolio und Mercutio kommen.

MERCUTIO. Wo Teufel kann der Romeo stecken? Kam er heute
nacht nicht zu Hause?

BENVOLIO. Nach seines Vaters Hause nicht; ich sprach seinen
Bedienten.

MERCUTIO.

Ja, dies hartherz'ge Frauenbild, die Rosalinde,

Sie quält ihn so, er wird gewiß verrückt.

BENVOLIO.

Tybalt, des alten Capulet Verwandter,

Hat dort ins Haus ihm einen Brief geschickt.

MERCUTIO. Eine Ausforderung, so wahr ich lebe.

BENVOLIO. Romeo wird ihm die Antwort nicht schuldig bleiben.

MERCUTIO. Auf einen Brief kann ein jeder antworten, wenn er
schreiben kann.

BENVOLIO. Nein, ich meine, er wird dem Briefsteller zeigen, daß
er Mut hat, wenn man ihm so was zumutet.

MERCUTIO. Ach, der arme Romeo! Er ist ja schon tot! durchbohrt
von einer weißen Dirne schwarzem Auge; durchs Ohr geschossen
mit einem Liebesliedchen; seine Herzensscheibe durch den Pfeil
des kleinen blinden Schützen mitten entzwei gespalten! Ist er
der Mann darnach, es mit dem Tybalt aufzunehmen?

BENVOLIO. Nun, was ist Tybalt denn Großes?

MERCUTIO. Kein papierner Held, das kann ich dir sagen. Oh, er
ist ein beherzter Zeremonienmeister der Ehre. Er ficht, wie Ihr
ein Liedlein singt: hält Takt und Maß und Ton. Er beobachtet
seine Pausen: eins – zwei – drei: – dann sitz Euch der Stoß in
der Brust. Er bringt Euch einen seidnen Knopf unfehlbar ums
Leben. Ein Raufer! ein Raufer! Ein Ritter vom ersten Range, der

Euch alle Gründe eines Ehrenstreits an den Fingern herzuzählen weiß: Ach, die göttliche Passade! die doppelte Finte! Der! –

BENVOLIO. Der – was?

MERCUTIO. Der Henker hole diese phantastischen, gezierten, lispelnden Eisenfresser! Was sie für neue Töne anstimmen! – »Eine sehr gute Klinge! – Ein sehr wohlgewachsner Mann! – Eine sehr gute Hure!« – Ist das nicht ein Elend, Urältervater, daß wir mit diesen ausländischen Schmetterlingen heimgesucht werden, mit diesen Modenarren, diesen Pardonnez-moi, die so stark auf neue Weise halten, ohne jemals weise zu werden?

Romeo tritt auf.

BENVOLIO. Da kommt Romeo, da kommt er!

MERCUTIO. Ohne seinen Rogen, wie ein gedörrter Hering. O Fleisch! Fleisch! wie bist du verfischt worden! Nun liebt er die Melodien, in denen sich Petrarca ergoß; gegen sein Fräulein ist Laura nur eine Küchenmagd-Wetter! sie hatte doch einen bessern Liebhaber, um sie zu bereimen; – Dido, eine Trutschel; Kleopatra, eine Zigeunerin; Helena und Hero, Metzen und lose Dirnen; Thisbe, ein artiges Blauauge oder sonst so was, will aber nichts vorstellen. Signor Romeo, bon jour! Da habt Ihr einen französischen Gruß für Eure französischen Pumphosen! Ihr spieltet uns diese Nacht einen schönen Streich.

ROMEO. Guten Morgen, meine Freunde! Was für einen Streich?

MERCUTIO. Einen Diebesstreich. Ihr stahlt Euch unversehens davon.

ROMEO. Verzeihung, guter Mercutio: Ich hatte etwas Wichtiges vor, und in einem solchen Falle tut man wohl einmal der Höflichkeit Gewalt an.

MERCUTIO. Wie nun? Du sprichst ja ganz menschlich. Wie kommt es, daß du auf einmal deine aufgeweckte Zunge und deine muntern Augen wieder gefunden hast? So hab' ich dich gern. Ist das nicht besser als das ewige Liebesgekrächze?

ROMEO. Seht den prächtigen Aufzug!

Die Wärterin und Peter hinter ihr.

MERCUTIO. Was kömmt da angesegelt?

WÄRTERIN. Peter!

PETER. Was beliebt?

WÄRTERIN. Meinen Fächer, Peter!

MERCUTIO. Gib ihn ihr, guter Peter, um ihr Gesicht zu verstecken: Ihr Fächer ist viel hübscher wie ihr Gesicht.

WÄRTERIN. Schönen guten Morgen, ihr Herren!

MERCUTIO. Schönen guten Abend, schöne Dame!

WÄRTERIN. Warum guten Abend?

MERCUTIO. Euer Brusttuch deutet auf Sonnenuntergang.

WÄRTERIN. Pfui, was ist das für ein Mensch?

ROMEO. Einer, den der Teufel plagt, um andre zu plagen.

WÄRTERIN. Schön gesagt, bei meiner Seele! Um andre zu plagen! Ganz recht! Aber, ihr Herren, kann mir keiner von euch sagen, wo ich den jungen Romeo finde?

ROMEO. Ich kann's Euch sagen; aber der junge Romeo wird älter sein, wenn Ihr ihn gefunden habt, als er war, da Ihr ihn suchtet. Ich bin der Jüngste, der den Namen führt, weil kein schlechterer da war.

WÄRTERIN. Gut gegeben!

MERCUTIO. So? ist das Schlechteste gut gegeben? Nun wahrhaftig: gut begriffen! sehr vernünftig!

WÄRTERIN. Wenn Ihr Romeo seid, mein Herr, so wünsche ich Euch insgeheim zu sprechen.

BENVOLIO. Sie wird ihn irgendwohin auf den Abend bitten.

MERCUTIO. Eine Kupplerin! eine Kupplerin! Ho, ho!

BENVOLIO. Was witterst du?

54

MERCUTIO. Neue Jagd! neue Jagd! – Romeo, kommt zu Eures Vaters Hause, wir wollen zu Mittag da essen.

ROMEO. Ich komme euch nach.

MERCUTIO. Lebt wohl, alte Schöne! Lebt wohl, o Schöne! – Schöne! – Schöne!

Benvolio und Mercutio gehn ab.

WÄRTERIN. Sagt mir doch, was war das für ein unverschämter Gesell, der nichts als Schelmstücke im Kopf hatte?

ROMEO. Jemand, der sich selbst gern reden hört, meine gute Frau, und der in einer Minute mehr spricht, als er in einem Monate verantworten kann.

WÄRTERIN. Ja, und wenn er auf mich was zu sagen hat, so will ich ihn bei den Ohren kriegen, und wäre er auch noch vierschrötiger, als er ist, und zwanzig solcher Hasenfüße obendrein; und kann ich's nicht, so können's andre. So 'n Lausekerl! Ich bin keine von seinen Kreaturen, ich bin keine von seinen Karnuten. *Zu Peter.* Und du mußt auch dabei stehen und leiden, daß jeder Schuft sich nach Belieben über mich hermacht!

PETER. Ich habe nicht gesehn, daß sich jemand über Euch hergemacht hätte; sonst hätte ich geschwind vom Leder gezogen, das könnt Ihr glauben. Ich kann so gut ausziehen wie ein andrer, wo es einen ehrlichen Zank gibt und das Recht auf meiner Seite ist.

WÄRTERIN. Nu, weiß Gott, ich habe mich so geärgert, daß ich am ganzen Leibe zittre. So 'n Lausekerl! – Seid so gütig, mein Herr, auf ein Wort! Und was ich Euch sagte: mein junges Fräulein befahl mir, Euch zu suchen. Was sie mir befahl, Euch zu sagen, das will ich für mich behalten; aber erst laßt mich Euch sagen, wenn Ihr sie wolltet bei der Nase herum führen, so zu sagen, das wäre eine unartige Aufführung, so zu sagen. Denn seht! das Fräulein ist jung; und also, wenn Ihr falsch gegen sie zu Werke gingt, das würde sich gar nicht gegen ein Fräulein schicken, und wäre ein recht nichtsnutziger Handel.

ROMEO. Empfiehl mich deinem Fräulein! Ich beteure dir –

WÄRTERIN. Du meine Zeit! Gewiß und wahrhaftig, das will ich ihr wieder sagen. O Jemine! sie wird sich vor Freude nicht zu lassen wissen.

ROMEO. Was willst du ihr sagen, gute Frau? Du gibst nicht Achtung.

WÄRTERIN. Ich will ihr sagen, daß Ihr beteuert, und ich meine, das ist recht wie ein Kavalier gesprochen.

ROMEO.

Sag ihr, sie mög' ein Mittel doch ersinnen,
Zur Beichte diesen Nachmittag zu gehn.
Dort in Lorenzos Zelle soll alsdann,
Wenn sie gebeichtet, unsre Trauung sein.
Hier ist für deine Müh'.

WÄRTERIN.

Nein, wahrhaftig, Herr! keinen Pfennig!

ROMEO.

Nimm, sag' ich dir; du mußt!

WÄRTERIN.

Heut nachmittag? Nun gut, sie wird Euch treffen.

ROMEO.

Du, gute Frau, wart' hinter der Abtei;
Mein Diener soll dir diese Stunde noch,
Geknüpft aus Seilen, eine Leiter bringen,
Die zu dem Gipfel meiner Freuden ich
Hinan will klimmen in geheimer Nacht.
Leb wohl! Sei treu, so lohn' ich deine Müh',
Leb wohl, empfiehl mich deinem Fräulein!

WÄRTERIN.

Nun, Gott der Herr gesegn' es! – Hört, noch eins!

56

ROMEO.

Was willst du, gute Frau?

WÄRTERIN.

Schweigt Euer Diener? Habt Ihr nie vernommen:

Wo zwei zu Rate gehn, laßt keinen Dritten kommen?

ROMEO.

Verlass' dich drauf, der Mensch ist treu wie Gold.

WÄRTERIN. Nun gut, Herr! Meine Herrschaft ist ein allerliebstes Fräulein. O Jemine! als sie noch so ein kleines Dingelchen war – Oh, da ist ein Edelmann in der Stadt, einer, der Paris heißt, der gern einhaken möchte; aber das gute Herz mag eben so lieb eine Kröte sehn, eine rechte Kröte, als ihn. Ich ärgre sie zuweilen und sag' ihr: Paris wär' doch der hübscheste; aber Ihr könnt mir's glauben, wenn ich das sage, so wird sie so blaß wie ein Tischtuch. Fängt nicht Rosmarin und Romeo mit demselben Buchstaben an?

ROMEO. Ja, gute Frau; beide mit einem R.

WÄRTERIN. Ach, Spaßvogel, warum nicht gar? Das schnurrt ja wie 'n Spinnrad. Nein, ich weiß wohl, es fängt mit einem andern Buchstaben an, und sie hat die prächtigsten Reime und Sprichwörter darauf, daß Euch das Herz im Leibe lachen tät', wenn Ihr's hörtet.

ROMEO. Empfiehl mich deinem Fräulein! *Ab.*

WÄRTERIN. Jawohl, vieltausendmal! – Peter!

PETER. Was beliebt?

WÄRTERIN. Peter, nimm meinen Fächer, und geh vorauf!

Beide ab.

Fünfte Szene

Capulets Garten. Julia tritt auf.

JULIA.

    Neun schlug die Glock', als ich die Amme sandte.

    In einer halben Stunde wollte sie

    Schon wieder hier sein. Kann sie ihn vielleicht

    Nicht treffen? Nein, das nicht. Oh, sie ist lahm!

    Zu Liebesboten taugen nur Gedanken,

    Die zehnmal schneller fliehn als Sonnenstrahlen,

    Wenn sie die Nacht von finstern Hügeln scheuchen.

    Deswegen ziehn ja leichtbeschwingte Tauben

    Der Liebe Wagen, und Cupido hat

    Windschnelle Flügel. Auf der steilsten Höh'

    Der Tagereise steht die Sonne jetzt;

    Von neun bis zwölf, drei lange Stunden sind's;

    Und dennoch bleibt sie aus. O hätte sie

    Ein Herz und warmes jugendliches Blut,

    Sie würde wie ein Ball behende fliegen,

    Es schnellte sie mein Wort dem Trauten zu,

    Und seines mir.

    Doch Alte tun, als lebten sie nicht mehr,

    Träg', unbehülflich, und wie Blei so schwer.

Die Wärterin und Peter kommen.

    O Gott, sie kömmt! Was bringst du, goldne Amme?

    Trafst du ihn an? Schick' deinen Diener weg!

WÄRTERIN.

    Wart' vor der Türe, Peter!

JULIA.

    Nun, Mütterchen? Gott, warum blickst du traurig?

    Ist dein Bericht schon traurig, gib ihn fröhlich;

Und klingt er gut, verdirb die Weise nicht,
Indem du sie mit saurer Miene spielst!
WÄRTERIN.

Ich bin ermattet; laßt ein Weilchen mich!
Das war 'ne Jagd! das reißt in Gliedern mir!
JULIA.

Ich wollt', ich hätte deine Neuigkeit,
Du meine Glieder. Nun, so sprich geschwind!
Ich bitt' dich, liebe, liebe Amme, sprich!
WÄRTERIN.

Was für 'ne Hast! Könnt Ihr kein Weilchen warten?
Seht Ihr nicht, daß ich außer Atem bin?
JULIA.

Wie außer Atem, wenn du Atem hast,
Um mir zu sagen, daß du keinen hast?
Der Vorwand deines Zögerns währt ja länger,
Als der Bericht, den du dadurch verzögerst.
Gib Antwort: bringst du Gutes oder Böses?
Nur das, so wart' ich auf das Näh're gern.
Beruh'ge mich! Ist's Gutes oder Böses?

WÄRTERIN. Ei, Ihr habt mir eine recht einfältige Wahl getroffen;
Ihr versteht auch einen Mann auszulesen! Romeo – ja, das ist
der rechte! – Er hat zwar ein hübscher Gesicht wie andre Leute;
aber seine Beine gehn über alle Beine, und Hand, und Fuß, und
die ganze Positur: – es läßt sich eben nicht viel davon sagen,
aber man kann sie mit nichts vergleichen. Er ist kein Ausbund
von feinen Manieren, doch wett' ich drauf, wie ein Lamm so
sanft. – Treib's nur so fort, Kind, und fürchte Gott! – Habt ihr
diesen Mittag zu Hause gegessen?
JULIA.

Nein, nein! Doch all' dies wußt' ich schon zuvor.
Was sagt er von der Trauung? Hurtig: was?

WÄRTERIN.

O je, wie schmerzt der Kopf mir! Welch ein Kopf!

Er schlägt, als wollt' er gleich in Stücke springen.

Da hier mein Rücken, o mein armer Rücken!

Gott sei Euch gnädig, daß Ihr hin und her

So viel mich schickt, mich bald zu Tode hetzt!

JULIA.

Im Ernst, daß du nicht wohl bist, tut mir leid.

Doch, beste, beste Amme, sage mir:

Was macht mein Liebster?

WÄRTERIN. Eu'r Liebster sagt, so wie ein wackrer Herr, – und

ein artiger, und ein freundlicher, und ein hübscher Herr, und,

auf mein Wort, ein tugendsamer Herr. – Wo ist denn Eure

Mutter?

JULIA.

Wo meine Mutter ist? Nun, sie ist drinnen;

Wo wär' sie sonst? Wie seltsam du erwiderst:

»Eu'r Liebster sagt, so wie ein wackrer Herr –

Wo ist denn Eure Mutter?«

WÄRTERIN.

Jemine!

Seid Ihr so hitzig? Seht doch! kommt mir nur!

Ist das die Bähung für mein Gliederweh?

Geht künftig selbst, wenn Ihr 'ne Botschaft habt!

JULIA.

Das ist 'ne Not! Was sagt er? Bitte, sprich!

WÄRTERIN.

Habt Ihr Erlaubnis, heut zu beichten?

JULIA.

Ja.

WÄRTERIN.

So macht Euch auf zu Eures Paters Zelle,

Da harrt ein Mann, um Euch zur Frau zu machen.
Nun steigt das lose Blut Euch in die Wangen;
Gleich sind sie Scharlach, wenn's was Neues gibt.
Eilt Ihr ins Kloster: ich muß sonst wohin,
Die Leiter holen, die der Liebste bald
Zum Nest hinan, wenn's Nacht wird, klimmen soll.
Ich bin das Lasttier, muß für Euch mich plagen,
Doch Ihr sollt Eure Last zu Nacht schon tragen.
Ich will zur Mahlzeit erst; eilt Ihr zur Zelle hin!
JULIA.
Zu hohem Glücke, treue Pflegerin!

Beide ab.

Sechste Szene

Bruder Lorenzos Zelle. Lorenzo und Romeo.

LORENZO.
Der Himmel lächle so dem heil'gen Bund,
Daß künft'ge Tag' uns nicht durch Kummer schelten!
ROMEO.
Amen! So sei's! Doch laß den Kummer kommen,
So sehr er mag: wiegt er die Freuden auf,
Die mir in ihrem Anblick eine flücht'ge
Minute gibt? Füg' unsre Hände nur
Durch deinen Segensspruch in eins, dann tue
Sein Äußerstes der Liebeswürger Tod:
Genug, daß ich nur mein sie nennen darf.
LORENZO.
So wilde Freude nimmt ein wildes Ende,
Und stirbt im höchsten Sieg, wie Feu'r und Pulver
Im Kusse sich verzehrt. Die Süßigkeit
Des Honigs widert durch ihr Übermaß,

Und im Geschmack erstickt sie unsre Lust.
Drum liebe mäßig; solche Lieb' ist stät:
Zu hastig und zu träge kommt gleich spät.

Julia tritt auf.

Hier kommt das Fräulein, sieh!
Mit leichtem Tritt, der keine Blume biegt;
Sieh, wie die Macht der Lieb' und Wonne siegt!
JULIA.
Ehrwürd'ger Herr! ich sag' Euch guten Abend.
LORENZO.
Für mich und sich dankt Romeo, mein Kind.
JULIA.
Es gilt ihm mit, sonst wär' sein Dank zu viel.
ROMEO.
Ach, Julia! Ist deiner Freude Maß
Gehäuft wie meins, und weißt du mehr die Kunst,
Ihr Schmuck zu leihn, so würze rings die Luft
Durch deinen Hauch; laß des Gesanges Mund
Die Seligkeit verkünden, die wir beide
Bei dieser teuren Näh' im andern finden.
JULIA.
Gefühl, an Inhalt reicher als an Worten,
Ist stolz auf seinen Wert und nicht auf Schmuck.
Nur Bettler wissen ihres Guts Betrag.
Doch meine treue Liebe stieg so hoch,
Daß keine Schätzung ihre Schätz' erreicht.
LORENZO.
Kommt, kommt mit mir! wir schreiten gleich zur Sache.
Ich leide nicht, daß ihr allein mir bleibt,
Bis euch die Kirch' einander einverleibt.

Alle ab.

Dritter Aufzug

Erste Szene

Ein öffentlicher Platz. Mercutio, Benvolio, Page und Bediente.

BENVOLIO.
Ich bitt' dich, Freund, laß uns nach Hause gehn!
Der Tag ist heiß, die Capulets sind draußen,
Und treffen wir, so gibt es sicher Zank:
Denn bei der Hitze tobt das tolle Blut.

MERCUTIO. Du bist mir so ein Zeisig, der, sobald er die Schwelle eines Wirtshauses betritt, mit dem Degen auf den Tisch schlägt und ausruft: »Gebe Gott, daß ich dich nicht nötig habe!«, und wenn ihm das zweite Glas im Kopfe spukt, so zieht er gegen den Kellner, wo er es freilich nicht nötig hätte.

BENVOLIO. Bin ich so ein Zeisig?

MERCUTIO. Ja, ja! Du bist in deinem Zorn ein so hitziger Bursch, als einer in ganz Italien; ebenso ungestüm in deinem Zorn, und ebenso zornig in deinem Ungestüm.

BENVOLIO. Nun, was weiter?

MERCUTIO. Ei, wenn es euer zwei gäbe, so hätten wir bald gar keinen, sie brächten sich untereinander um. Du! Wahrhaftig, du zankst mit einem, weil er ein Haar mehr oder weniger im Barte hat wie du. Du zankst mit einem, der Nüsse knackt, aus keinem andern Grunde, als weil du nußbraune Augen hast. Dein Kopf ist so voll Zänkereien, wie ein Ei voll Dotter, und doch ist dir der Kopf für dein Zanken schon dotterweich geschlagen. Du hast mit einem angebunden, der auf der Straße hustete, weil er deinen Hund aufgeweckt, der in der Sonne schlief. Hast du nicht mit einem Schneider Händel gehabt, weil er sein neues Wams vor Ostern trug? Mit einem andern, weil er neue Schuhe mit einem alten Bande zuschnürte? Und doch willst du mich über Zänkereien hofmeistern!

BENVOLIO. Ja, wenn ich so leicht zankte wie du, so würde niemand eine Leibrente auf meinen Kopf nur für anderthalb Stunden kaufen wollen.

MERCUTIO. Auf deinen Kopf? O Tropf!

Tybalt und andre kommen.

BENVOLIO. Bei meinem Kopf! Da kommen die Capulets.

MERCUTIO. Bei meiner Sohle! Mich kümmert's nicht.

TYBALT *zu seinen Leuten.* Schließt euch mir an, ich will mit ihnen reden. – Guten Tag, ihr Herren! Ein Wort mit euer einem!

MERCUTIO. Nur ein Wort mit einem von uns? Gebt noch was zu: laßt es ein Wort und einen Schlag sein!

TYBALT. Dazu werdet Ihr mich bereit genug finden, wenn Ihr mir Anlaß gebt.

MERCUTIO. Könntet Ihr ihn nicht nehmen, ohne daß wir ihn gäben?

TYBALT. Mercutio, du harmonierst mit Romeo.

MERCUTIO. Harmonierst? Was? Machst du uns zu Musikanten? Wenn du uns zu Musikanten machen willst, so sollst du auch nichts als Dissonanzen zu hören kriegen. Hier ist mein Fiedelbogen; wart'! der soll euch tanzen lehren. Alle Wetter! Über das Harmonieren!

BENVOLIO.
Wir reden hier auf öffentlichem Markt:
Entweder sucht euch einen stillern Ort,
Wo nicht, besprecht euch kühl von eurem Zwist!
Sonst geht! Hier gafft ein jedes Aug' auf uns.

MERCUTIO.
Zum Gaffen hat das Volk die Augen: laßt sie!
Ich weich' und wank' um keines willen, ich!

Romeo tritt auf.

TYBALT.

Herr, zieht in Frieden! Hier kömmt mein Gesell.

MERCUTIO.

Ich will gehängt sein, Herr! wenn Ihr sein Meister seid.

Doch stellt Euch nur, er wird sich zu Euch halten;

In dem Sinn mögen Eure Gnaden wohl

Gesell ihn nennen.

TYBALT.

Hör', Romeo! Der Haß, den ich dir schwur,

Gönnt diesen Gruß dir nur: du bist ein Schurke!

ROMEO.

Tybalt, die Ursach', die ich habe, dich

Zu lieben, mildert sehr die Wut, die sonst

Auf diesen Gruß sich ziemt': Ich bin kein Schurke,

Drum lebe wohl! Ich seh', du kennst mich nicht.

TYBALT.

(Nein, Knabe, dies entschuldigt nicht den Hohn,

Den du mir angetan; kehr' um und zieh'!

ROMEO.

Ich schwöre dir, nie tat ich Hohn dir an.

Ich liebe mehr dich, als du denken kannst,

Bis du die Ursach' meiner Liebe weißt.

Drum, guter Capulet, dein Name, den

Ich wert wie meinen halte, – sei zufrieden!)

MERCUTIO.

O zahme, schimpfliche, verhaßte Demut!

Die Kunst des Raufers trägt den Sieg davon. –

Er zieht.

Tybalt, du Ratzenfänger! willst du dran?

TYBALT. Was willst du denn von mir?

MERCUTIO. Wollt Ihr bald Euren Degen bei den Ohren aus der Scheide ziehn? Macht zu, sonst habt Ihr meinen um die Ohren, eh' er heraus ist.

TYBALT.

Ich steh' zu Dienst.

Er zieht.

ROMEO.

Lieber Mercutio, steck' den Degen ein!

MERCUTIO.

Kommt, Herr! Laßt Eure Finten sehn!

Sie fechten.

ROMEO.

Zieh', Benvolio!
Schlag' zwischen ihre Degen! Schämt euch doch,
Und haltet ein mit Wüten! Tybalt! Mercutio!
Der Prinz verbot ausdrücklich solchen Aufruhr
In Veronas Gassen. Halt, Tybalt! Freund Mercutio!

Tybalt entfernt sich mit seinen Anhängern.

MERCUTIO.

Ich bin verwundet. –
Zum Teufel beider Sippschaft! Ich bin hin.
Und ist er fort? und hat nichts abgekriegt?

BENVOLIO.

Bist du verwundet? wie?

MERCUTIO.

Ja, ja! geritzt! geritzt! – Wetter, 's ist genug. –
Wo ist mein Bursch? – Geh, Schurk'! hol' einen Wundarzt!

Der Page geht ab.

ROMEO. Sei guten Muts, Freund! Die Wunde kann nicht beträcht-
lich sein.

MERCUTIO. Nein, nicht so tief wie ein Brunnen, noch so weit
wie eine Kirchtüre; aber es reicht eben hin: Fragt morgen nach
mir, und Ihr werdet einen stillen Mann an mir finden. Für diese
Welt, glaubt's nur, ist mir der Spaß versalzen. – Hol' der Henker
eure beiden Häuser! – Was? von einem Hunde, einer Maus, einer
Ratze, einer Katze zu Tode gekratzt zu werden! Von so einem
Prahler, einem Schuft, der nach dem Rechenbuche ficht! –
Warum Teufel! kamt Ihr zwischen uns? Unter Eurem Arm
wurde ich verwundet.

ROMEO.

Ich dacht' es gut zu machen.

MERCUTIO.

O hilf mir in ein Haus hinein, Benvolio,

Sonst sink' ich hin. – Zum Teufel eure Häuser!

Sie haben Würmerspeis' aus mir gemacht.

Ich hab' es tüchtig weg: verdammte Sippschaft!

Mercutio und Benvolio ab.

ROMEO.

Um meinetwillen wurde dieser Ritter,

Dem Prinzen nah verwandt, mein eigner Freund,

Verwundet auf den Tod; mein Ruf befleckt

Durch Tybalts Lästerungen, Tybalts, der

Seit einer Stunde mir verschwägert war.

O süße Julia! deine Schönheit hat

So weibisch mich gemacht; sie hat den Stahl

Der Tapferkeit in meiner Brust erweicht.

Benvolio kommt zurück.

BENVOLIO.

O Romeo! der wackre Freund ist tot.

Sein edler Geist schwang in die Wolken sich,

Der allzufrüh der Erde Staub verschmäht.

ROMEO.

Nichts kann den Unstern dieses Tages wenden;

Er hebt das Weh an, andre müssen's enden.

Tybalt kommt zurück.

BENVOLIO.

Da kommt der grimm'ge Tybalt wieder her.

ROMEO.

Am Leben! siegreich! und mein Freund erschlagen!

Nun flieh' gen Himmel, schonungsreiche Milde!

Entflammte Wut, sei meine Führerin!

Nun, Tybalt, nimm den Schurken wieder, den du

Mir eben gabst! Der Geist Mercutios

Schwebt nah noch über unsern Häuptern hin

Und harrt, daß deiner sich ihm zuselle.

Du oder ich! sonst folgen wir ihm beide.

TYBALT.

Elendes Kind! hier hieltest du's mit ihm,

Und sollst mit ihm von hinnen!

ROMEO.

Dies entscheide!

Sie fechten, Tybalt fällt.

BENVOLIO.

Flieh', Romeo! Die Bürger sind in Wehr

Und Tybalt tot. Steh so versteinert nicht!

Flieh', flieh'! Der Prinz verdammt zum Tode dich,

Wenn sie dich greifen. Fort! Hinweg mit dir!

ROMEO.

Weh mir, ich Narr des Glücks!

BENVOLIO.

Was weilst du noch?

Romeo ab.

Bürger u.s.w. treten auf.

EIN BÜRGER.

Wo lief er hin, der den Mercutio tot schlug?

Der Mörder Tybalt? – Hat ihn wer gesehn?

BENVOLIO.

Da liegt der Tybalt.

EIN BÜRGER.

Herr, gleich müßt Ihr mit mir gehn.

Gehorcht! Ich mahn' Euch von des Fürsten wegen.

*Der Prinz mit Gefolge, Montague, Capulet, ihre Gemahlinnen
und andre.*

PRINZ.

Wer durfte freventlich hier Streit erregen?

BENVOLIO.

O edler Fürst, ich kann verkünden, recht

Nach seinem Hergang, dies unselige Gefecht.

Der deinen wackern Freund Mercutio

Erschlagen, liegt hier tot, entleibt vom Romeo.

GRÄFIN CAPULET.

Mein Vetter! Tybalt! Meines Bruders Kind! –

O Fürst! O mein Gemahl! O seht, noch rinnt

Das teure Blut! – Mein Fürst, bei Ehr' und Huld,

Im Blut der Montagues tilg' ihre Schuld! –

O Vetter, Vetter!

PRINZ.

  Benvolio, sprich! Wer hat den Streit erregt? –

BENVOLIO.

  Der tot hier liegt, vom Romeo erlegt.

  Viel gute Worte gab ihm Romeo,

  Hieß ihn bedenken, wie gering der Anlaß,

  Wie sehr zu fürchten Euer höchster Zorn.

  Dies alles, vorgebracht mit sanftem Ton,

  Gelaßnem Blick, bescheidner Stellung, konnte

  Nicht Tybalts ungezähmte Wut entwaffnen.

  Dem Frieden taub, berennt mit scharfem Stahl

  Er die entschloßne Brust Mercutios;

  Der kehrt gleich rasch ihm Spitze gegen Spitze

  Und wehrt mit Kämpfertrotz mit einer Hand

  Den kalten Tod ab, schickt ihn mit der andern

  Dem Gegner wieder, des Behendigkeit

  Zurück ihn schleudert. Romeo ruft laut:

  »Halt Freunde! aus einander!« Und geschwinder

  Als seine Zunge schlägt sein rüst'ger Arm,

  Dazwischen stürzend, beider Mordstahl nieder.

  Recht unter diesem Arm traf des Mercutio Leben

  Ein falscher Stoß vom Tybalt. Der entfloh,

  Kam aber gleich zum Romeo zurück,

  Der eben erst der Rache Raum gegeben.

  Nun fallen sie mit Blitzeseil' sich an;

  Denn eh' ich ziehen konnt', um sie zu trennen,

  War der beherzte Tybalt umgebracht.

  Er fiel, und Romeo, bestürzt, entwich.

  Ich rede wahr, sonst führt zum Tode mich!

GRÄFIN CAPULET.

  Er ist verwandt mit Montagues Geschlecht.

  Aus Freundschaft spricht er falsch, verletzt das Recht.

70

Die Fehd' erhoben sie zu ganzen Horden,
Und alle konnten nur ein Leben morden.
Ich fleh' um Recht; Fürst, weise mich nicht ab:
Gib Romeon, was er dem Tybalt gab!

PRINZ.

Er hat Mercutio, ihn Romeo erschlagen:
Wer soll die Schuld des teuren Blutes tragen?

GRÄFIN MONTAGUE.

Fürst, nicht mein Sohn, der Freund Mercutios;
Was dem Gesetz doch heimfiel, nahm er bloß,
Das Leben Tybalts.

PRINZ.

Weil er das verbrochen,
Sei über ihn sofort der Bann gesprochen.
Mich selber trifft der Ausbruch eurer Wut,
Um euren Zwiespalt fließt mein eignes Blut;
Allein ich will dafür so streng euch büßen,
Daß mein Verlust euch ewig soll verdrießen.
Taub bin ich jeglicher Beschönigung;
Kein Flehn, kein Weinen kauft Begnadigung;
Drum spart sie: Romeo flieh' schnell von hinnen!
Greift man ihn, soll er nicht dem Tod entrinnen.
Tragt diese Leiche weg! Vernehmt mein Wort:
Wenn Gnade Mörder schont, verübt sie Mord!

Alle ab.

Zweite Szene

Ein Zimmer in Capulets Hause. Julia tritt auf.

JULIA.

Hinab, du flammenhufiges Gespann,

Zu Phöbus' Wohnung! Solch ein Wagenlenker
Wie Phaeton jagt' euch gen Westen wohl,
Und brächte schnell die wolk'ge Nacht herauf. –
Verbreite deinen dichten Vorhang, Nacht!
Du Liebespflegerin! damit das Auge
Der Neubegier sich schließ', und Romeo
Mir unbelauscht in diese Arme schlüpfe. –
Verliebten g'nügt zu der geheimen Weihe
Das Licht der eignen Schönheit; oder wenn
Die Liebe blind ist, stimmt sie wohl zur Nacht. –
Komm, ernste Nacht, du züchtig stille Frau,
Ganz angetan mit Schwarz, und lehre mir
Ein Spiel, wo jedes reiner Jugend Blüte
Zum Pfande setzt, gewinnend zu verlieren!
Verhülle mit dem schwarzen Mantel mir
Das wilde Blut, das in den Wangen flattert,
Bis scheue Liebe kühner wird und nichts
Als Unschuld sieht in inn'ger Liebe Tun.
Komm, Nacht! – Komm, Romeo, du Tag in Nacht!
Denn du wirst ruhn auf Fittigen der Nacht
Wie frischer Schnee auf eines Raben Rücken. –
Komm, milde, liebevolle Nacht! Komm, gib
Mir meinen Romeo! Und stirbt er einst,
Nimm ihn, zerteil' in kleine Sterne ihn:
Er wird des Himmels Antlitz so verschönen,
Daß alle Welt sich in die Nacht verliebt
Und niemand mehr der eiteln Sonne huldigt. –
Ich kaufte einen Sitz der Liebe mir,
Doch ach! besaß ihn nicht; ich bin verkauft,
Doch noch nicht übergeben. Dieser Tag
Währt so verdrießlich lang mir, wie die Nacht?

72

Vor einem Fest dem ungeduld'gen Kinde,
Das noch sein neues Kleid nicht tragen durfte.

Die Wärterin mit einer Strickleiter.

Da kommt die Amme ja: die bringt Bericht;
Und jede Zunge, die nur Romeon
Beim Namen nennt, spricht so beredt wie Engel.
Nun, Amme? Sag, was gibt's, was hast du da?
Die Stricke, die dich Romeo hieß holen?
WÄRTERIN.
Ja, ja, die Stricke!

Sie wirft sie auf die Erde.

JULIA.
Weh mir! Was gibt's? Was ringst du so die Hände?
WÄRTERIN.
Daß Gott erbarm'! Er ist tot, er ist tot, er ist tot!
Wir sind verloren, Fräulein, sind verloren!
O weh uns! Er ist hin! ermordet! tot!
JULIA.
So neidisch kann der Himmel sein?
WÄRTERIN.
Ja, das kann Romeo; der Himmel nicht.
O Romeo, wer hätt' es je gedacht?
O Romeo! Romeo!
JULIA.
Wer bist du, Teufel, der du so mich folterst?
Die grause Hölle nur brüllt solche Qual.
Hat Romeo sich selbst ermordet? Sprich!
Ist er entleibt: sag ja! wo nicht: sag nein!
Ein kurzer Laut entscheidet Wonn' und Pein.

WÄRTERIN.

    Ich sah die Wunde, meine Augen sahn sie –

    Gott helf' ihm! – hier auf seiner tapfern Brust;

    Die blut'ge Leiche, jämmerlich und blutig,

    Bleich, bleich wie Asche, ganz mit Blut besudelt –

    Ganz starres Blut – weg schwiemt' ich, da ich's sah.

JULIA.

    O brich, mein Herz! verarmt auf einmal, brich!

    Ihr Augen, ins Gefängnis! Blicket nie

    Zur Freiheit wieder auf! Elende Erde, kehre

    Zur Erde wieder! Pulsschlag, hemme dich!

    Ein Sarg empfange Romeo und mich!

WÄRTERIN.

    O Tybalt, Tybalt! O mein bester Freund!

    Leutsel'ger Tybalt! wohlgesinnter Herr!

    So mußt' ich leben, um dich tot zu sehn?

JULIA.

    Was für ein Sturm tobt so von jeder Seite?

    Ist Romeo erschlagen? Tybalt tot?

    Mein teurer Vetter? teuerster Gemahl? –

    Dann töne nur des Weltgerichts Posaune!

    Wer lebt noch, wenn dahin die beiden sind?

WÄRTERIN.

    Dahin ist Tybalt, Romeo verbannt;

    Verbannt ist Romeo, der ihn erschlug.

JULIA.

    Gott! seine Hand, vergoß sie Tybalts Blut?

WÄRTERIN.

    Sie tat's! sie tat's! O weh uns, weh! Sie tat's!

JULIA.

    O Schlangenherz, von Blumen überdeckt!

    Wohnt' in so schöner Höhl' ein Drache je?

74

Holdsel'ger Wüt'rich! engelgleicher Unhold!
Ergrimmte Taube! Lamm mit Wolfesgier!
Verworfne Art in göttlicher Gestalt!
Das rechte Gegenteil des, was mit Recht
Du scheinest: ein verdammter Heiliger!
Ein ehrenwerter Schurke! – O Natur!
Was hattest du zu schaffen in der Hölle,
Als du des holden Leibes Paradies
Zum Lustsitz einem Teufel übergabst?
War je ein Buch, so arger Dinge voll,
So schön gebunden? Oh, daß Falschheit doch
Solch herrlichen Palast bewohnen kann!

WÄRTERIN.

Kein Glaube, keine Treu', noch Redlichkeit
Ist unter Männern mehr. Sie sind meineidig;
Falsch sind sie, lauter Schelme, lauter Heuchler! –
Wo ist mein Diener? Gebt mir Aquavit! –
Die Not, die Angst, der Jammer macht mich alt.
Zu schanden werde Romeo!

JULIA.

Die Zunge
Erkranke dir für einen solchen Wunsch!
Er war zur Schande nicht geboren; Schande
Weilt mit Beschämung nur auf seiner Stirn.
Sie ist ein Thron, wo man die Ehre mag
Als Allbeherrscherin der Erde krönen.
O wie unmenschlich war ich, ihn zu schelten!

WÄRTERIN.

Von Eures Vetters Mörder sprecht Ihr Gutes?

JULIA.

Soll ich von meinem Gatten Übles reden?
Ach, armer Gatte! Welche Zunge wird

Wohl deinem Namen Liebes tun, wenn ich,
Dein Weib von wenig Stunden, ihn zerrissen?
Doch, Arger, was erschlugst du meinen Vetter? –
Der Arge wollte den Gemahl erschlagen.
Zurück zu eurem Quell, verkehrte Tränen!
Dem Schmerz gebühret eurer Tropfen Zoll,
Ihr bringt aus Irrtum ihn der Freude dar.
Mein Gatte lebt, den Tybalt fast getötet,
Und tot ist Tybalt, der ihn töten wollte.
Dies alles ist ja Trost: was wein' ich denn?
Ich hört' ein schlimmres Wort als Tybalts Tod,
Das mich erwürgte; ich vergäß' es gern;
Doch ach! es drückt auf mein Gedächtnis schwer,
Wie Freveltaten auf des Sünders Seele.
»Tybalt ist tot, und Romeo verbannt!«
O dies »verbannt«, dies eine Wort »verbannt«
Erschlug zehntausend Tybalts. Tybalts Tod
War g'nug des Wehes, hätt' es da geendet!
Und liebt das Leid Gefährten, reiht durchaus
An andre Leiden sich: warum denn folgte
Auf ihre Botschaft: »tot ist Tybalt«, nicht:
Dein Vater, deine Mutter, oder beide?
Das hätte sanft're Klage wohl erregt.
Allein dies Wort: »verbannt ist Romeo«,
Aus jenes Todes Hinterhalt gesprochen,
Bringt Vater, Mutter, Tybalt, Romeo
Und Julien um! »Verbannt ist Romeo!«
Nicht Maß noch Ziel kennt dieses Wortes Tod,
Und keine Zung' erschöpfet meine Not. –
Wo mag mein Vater, meine Mutter sein?
WÄRTERIN.
Bei Tybalts Leiche heulen sie und schrein.

76

Wollt Ihr zu ihnen gehn? Ich bring' Euch hin.

JULIA.

So waschen sie die Wunden ihm mit Tränen?
Ich spare meine für ein bängres Sehnen.
Nimm diese Seile auf! – Ach, armer Strick,
Getäuscht wie ich! wer bringt ihn uns zurück?
Zum Steg der Liebe knüpft' er deine Bande,
Ich aber sterb' als Braut im Witwenstande.
Komm, Amme, komm! Ich will ins Brautbett! fort!
Nicht Romeo, den Tod umarm' ich dort.

WÄRTERIN.

Geht nur ins Schlafgemach! Zum Tröste find' ich
Euch Romeon: ich weiß wohl, wo er steckt.
Hört! Romeo soll Euch zu Nacht erfreuen;
Ich geh' zu ihm: beim Pater wartet er.

JULIA.

O such' ihn auf! Gib diesen Ring dem Treuen;
Bescheid' aufs letzte Lebewohl ihn her!

Beide ab.

Dritte Szene

Bruder Lorenzos Zelle. Lorenzo und Romeo kommen.

LORENZO.

Komm, Romeo! Hervor, du Mann der Furcht!
Bekümmernis hängt sich mit Lieb' an dich,
Und mit dem Mißgeschick bist du vermählt.

ROMEO.

Vater, was gibt's? Wie heißt des Prinzen Spruch?
Wie heißt der Kummer, der sich zu mir drängt,
Und noch mir fremd ist?

LORENZO.

Zu vertraut, mein Sohn,

Bist du mit solchen widrigen Gefährten.

Ich bring' dir Nachricht von des Prinzen Spruch.

ROMEO.

Und hat sein Spruch mir nicht den Stab gebrochen?

LORENZO.

Ein mildres Urteil floß von seinen Lippen:

Nicht Leibes Tod, nur leibliche Verbannung.

ROMEO.

Verbannung? Sei barmherzig! Sage: Tod!

Verbannung trägt der Schrecken mehr im Blick,

Weit mehr als Tod! – O sage nicht »Verbannung«!

LORENZO.

Hier aus Verona bist du nur verbannt:

Sei ruhig, denn die Welt ist groß und weit.

ROMEO.

Die Welt ist nirgends außer diesen Mauern;

Nur Fegefeuer, Qual, die Hölle selbst.

Von hier verbannt ist aus der Welt verbannt,

Und solcher Bann ist Tod: drum gibst du ihm

Den falschen Namen. – Nennst du Tod Verbannung,

Enthauptest du mit goldnem Beile mich,

Und lächelst zu dem Streich, der mich ermordet.

LORENZO.

O schwere Sünd'! O undankbarer Trotz!

Dein Fehltritt heißt nach unsrer Satzung Tod;

Doch dir zu Lieb' hat sie der güt'ge Fürst

Beiseit' gestoßen, und Verbannung nur

Statt jenes schwarzen Wortes ausgesprochen.

Und diese teure Gnad' erkennst du nicht?

ROMEO.

Nein, Folter – Gnade nicht. Hier ist der Himmel,
Wo Julia lebt, und jeder Hund und Katze
Und kleine Maus, das schlechteste Geschöpf,
Lebt hier im Himmel, darf ihr Antlitz sehn;
Doch Romeo darf nicht. Mehr Würdigkeit,
Mehr Ansehn, mehr gefäll'ge Sitte lebt
In Fliegen, als in Romeo. Sie dürfen
Das Wunderwerk der weißen Hand berühren
Und Himmelswonne rauben ihren Lippen,
Die sittsam, in Vestalenunschuld, stets
Erröten, gleich als wäre Sund' ihr Kuß.
Dies dürfen Fliegen tun, ich muß entfliehn;
Sie sind ein freies Volk, ich bin verbannt:
Und sagst du noch: Verbannung sei nicht Tod?
So hattest du kein Gift gemischt, kein Messer
Geschärft, kein schmählich Mittel schnellen Todes,
Als dies »verbannt«, zu töten mich? »Verbannt«!
O Mönch! Verdammte sprechen in der Hölle
Dies Wort mit Heulen aus: hast du das Herz,
Da du ein heil'ger Mann, ein Beicht'ger bist,
Ein Sündenlöser, mein erklärter Freund,
Mich zu zermalmen mit dem Wort »Verbannung«?

LORENZO.

Du kindisch blöder Mann, hör' doch ein Wort!

ROMEO.

Oh, du willst wieder von Verbannung sprechen!

LORENZO.

Ich will dir eine Wehr dagegen leihn,
Der Trübsal süße Milch, Philosophie,
Um dich zu trösten, bist du gleich verbannt.

ROMEO.

Und noch »verbannt«? Hängt die Philosophie!

Kann sie nicht schaffen eine Julia,

Aufheben eines Fürsten Urteilsspruch,

Verpflanzen eine Stadt: so hilft sie nicht,

So taugt sie nicht; so rede länger nicht!

LORENZO.

Nun seh' ich wohl, Wahnsinnige sind taub.

ROMEO.

Wär's anders möglich? Sind doch Weise blind.

LORENZO.

Laß über deinen Fall mit dir mich rechten!

ROMEO.

Du kannst von dem, was du nicht fühlst, nicht reden

Wärst du so jung wie ich, und Julia dein,

Vermählt seit einer Stund', erschlagen Tybalt,

Wie ich von Lieb' entglüht, wie ich verbannt:

Dann möchtest du nur reden, möchtest nur

Das Haar dir raufen, dich zu Boden werfen

Wie ich, und so dein künft'ges Grab dir messen.

Er wirft sich an den Boden. Man klopft draußen.

LORENZO.

Steh auf, man klopft; verbirg dich, lieber Freund.

ROMEO.

O nein, wo nicht des bangen Stöhnens Hauch,

Gleich Nebeln, mich vor Späheraugen schirmt.

Man klopft.

LORENZO.

Horch, wie man klopft! – Wer da? – Fort, Romeo!

80

Man wird dich fangen. – Wartet doch ein Weilchen! –
Steh auf und rett' ins Lesezimmer dich! –

Man klopft.

Ja, ja! im Augenblick! – Gerechter Gott,
Was für ein starrer Sinn! – Ich komm', ich komme:
Wer klopft so stärk? Wo kommt Ihr her? Was wollt Ihr?
WÄRTERIN *draußen.*
  Laßt mich hinein, so sag' ich Euch die Botschaft.
  Das Fräulein Julia schickt mich.
LORENZO.
  Seid willkommen!

Die Wärterin tritt herein.

WÄRTERIN.
  O heil'ger Herr! o sagt mir, heil'ger Herr:
  Des Fräuleins Liebster, Romeo, wo ist er?
LORENZO.
  Am Boden dort, von eignen Tränen trunken.
WÄRTERIN.
  Oh, es ergeht wie meiner Herrschaft ihm,
  Ganz so wie ihr!
LORENZO.
  O Sympathie des Wehs!
  Bedrängte Gleichheit!
WÄRTERIN.
  Gerade so liegt sie,
  Winselnd und wehklagend, wehklagend und winselnd.
  Steht auf! steht auf! Wenn Ihr ein Mann seid, steht!
  Um Juliens willen, ihr zu Lieb', steht auf!
  Wer wollte so sich niederwerfen lassen?

ROMEO.

Gute Frau!

WÄRTERIN.

Ach, Herr! Herr! Mit dem Tod ist alles aus.

ROMEO.

Sprachst du von Julien? Wie steht's mit ihr?

Hält sie mich nicht für einen alten Mörder,

Da ich mit Blut, dem ihrigen so nah,

Die Kindheit unsrer Wonne schon befleckt?

Wo ist sie? und was macht sie? und was sagt

Von dem zerstörten Bund die kaum Verbundne?

WÄRTERIN.

Ach, Herr! sie sagt kein Wort, sie weint und weint.

Bald fällt sie auf ihr Bett; dann fährt sie auf,

Ruft: »Tybalt!« aus, schreit dann nach Romeo,

Und fällt dann wieder hin.

ROMEO.

Als ob der Name,

Aus tödlichem Geschütz auf sie gefeuert,

Sie mordete, wie sein unsel'ger Arm

Den Vetter ihr gemordet. Sag mir, Mönch,

O sage mir: in welchem schnöden Teil

Beherbergt dies Gerippe meinen Namen?

Sag, daß ich den verhaßten Sitz verwüste!

Er zieht den Degen.

LORENZO.

Halt' ein die tolle Hand! Bist du ein Mann?

Dein Äußres ruft, du seist es: deine Tränen

Sind weibisch, deine wilden Taten zeugen

Von eines Tieres unvernünft'ger Wut.

Entartet Weib in äußrer Mannesart!

82

Entstelltes Tier, in beide nur verstellt!
Ich staun' ob dir: bei meinem heil'gen Orden!
Ich glaubte, dein Gemüt sei bessern Stoffs.
Erschlugst du Tybalt? Willst dich selbst erschlagen?
Auch deine Gattin, die in dir nur lebt,
Durch so verruchten Haß, an dir verübt?
Was schiltst du auf Geburt, auf Erd' und Himmel?
In dir begegnen sie sich alle drei,
Die du auf einmal von dir schleudern willst.
Du schändest deine Bildung, deine Liebe
Und deinen Witz. O pfui! Gleich einem Wuch'rer
Hast du an allem Überfluß, und brauchst
Doch nichts davon zu seinem echten Zweck,
Der Bildung, Liebe, Witz erst zieren sollte.
Ein Wachsgepräg' ist deine edle Bildung,
Wenn sie der Kraft des Manns abtrünnig wird;
Dein teurer Liebesschwur ein hohler Meineid,
Wenn du die tötest, der du Treu' gelobt;
Dein Witz, die Zier der Bildung und der Liebe,
Doch zum Gebrauche beider mißgeartet,
Fängt Feuer durch dein eignes Ungeschick,
Wie Pulver in nachläss'ger Krieger Flasche;
Und was dich schirmen soll, zerstückt dich selbst.
Auf, sei ein Mann! denn deine Julia lebt,
Sie, der zu Lieb' du eben tot hier lagst:
Das ist ein Glück. Dich wollte Tybalt töten,
Doch du erschlugst ihn: das ist wieder Glück.
Dein Freund wird das Gesetz, das Tod dir drohte,
Und mildert ihn in Bann: auch das ist Glück.
Auf deine Schultern läßt sich eine Last
Von Segen nieder, und es wirbt um dich
Glückseligkeit in ihrem besten Schmuck;

Doch wie ein ungezognes, laun'sches Mädchen
Schmollst du mit deinem Glück und deiner Liebe;
O hüte dich! denn solche sterben elend.
Geh hin zur Liebsten, wie's beschlossen war;
Ersteig' ihr Schlafgemach: fort! tröste sie!
Nur weile nicht, bis man die Wachen stellt,
Sonst kömmst du nicht mehr durch nach Mantua.
Dort lebst du dann, bis wir die Zeit ersehn,
Die Freunde zu versöhnen, euren Bund
Zu offenbaren, von dem Fürsten Gnade
Für dich zu flehn, und dich zurück zu rufen
Mit zwanzig hunderttausendmal mehr Freude,
Als du mit Jammer jetzt von hinnen ziehst.
Geh, Wärterin, voraus, grüß' mir dein Fräulein;
Heiß' sie das ganze Haus zu Bette treiben,
Wohin der schwere Gram von selbst sie treibt:
Denn Romeo soll kommen.

WÄRTERIN.

O je! ich blieb' hier gern die ganze Nacht,
Und hörte gute Lehr'. Da sieht man doch,
Was die Gelahrtheit ist! Nun, gnäd'ger Herr,
Ich will dem Fräulein sagen, daß Ihr kommt.

ROMEO.

Tu' das, und sag der Holden, daß sie sich
Bereite, mich zu schelten!

WÄRTERIN.

Gnäd'ger Herr,
Hier ist ein Ring, den sie für Euch mir gab.
Eilt Euch, macht fort! sonst wird es gar zu spät.

Ab.

ROMEO.

Wie ist mein Mut nun wieder neu belebt!

LORENZO.

Geh! gute Nacht! Und hieran hängt dein Los:

Entweder geh, bevor man Wachen stellt,

Wo nicht, verkleidet in der Frühe fort:

Verweil' in Mantua; ich forsch' indessen

Nach deinem Diener, und er meldet dir

Von Zeit zu Zeit ein jedes gute Glück,

Das hier begegnet. – Gib mir deine Hand!

Es ist schon spät: fahr wohl denn! Gute Nacht!

ROMEO.

Mich rufen Freuden über alle Freuden,

Sonst wär's ein Leid, von dir so schnell zu scheiden.

Leb wohl!

Beide ab.

Vierte Szene

Ein Zimmer in Capulets Hause. Capulet, Gräfin Capulet, Paris.

CAPULET.

Es ist so schlimm ergangen, Graf, daß wir

Nicht Zeit gehabt, die Tochter anzumahnen.

Denn seht, sie liebte herzlich ihren Vetter;

Das tat ich auch: nun, einmal stirbt man doch. –

Es ist schon spät, sie kommt nicht mehr herunter;

Ich sag' Euch, wär's nicht der Gesellschaft wegen,

Seit einer Stunde läg' ich schon im Bett.

PARIS.

So trübe Zeit gewährt nicht Zeit zum Frein;

Gräfin, schlaft wohl, empfehlt mich Eurer Tochter!

GRÄFIN.

Ich tu's, und forsche morgen früh sie aus:
Heut nacht verschloß sie sich mit ihrem Gram.

CAPULET.

Graf Paris, ich vermesse mich zu stehn
Für meines Kindes Lieb'; ich denke wohl,
Sie wird von mir in allen Stücken sich
Bedeuten lassen, ja ich zweifle nicht.
Frau, geh noch zu ihr, eh' du schlafen gehst,
Tu' meines Sohnes Paris Lieb' ihr kund
Und sag ihr, merk' es wohl: auf nächsten Mittwoch –
Still, was ist heute?

PARIS.

Montag, edler Herr.

CAPULET.

Montag? So so! Gut, Mittwoch ist zu früh.
Sei's Donnerstag! – Sag ihr: am Donnerstag
Wird sie vermählt mit diesem edlen Grafen.
Wollt Ihr bereit sein? Liebt Ihr diese Eil'?
Wir tun's im Stillen ab; nur ein paar Freunde.
Denn seht, weil Tybalt erst erschlagen ist,
So dächte man, er läg' uns nicht am Herzen
Als unser Blutsfreund, schwärmten wir zu viel.
Drum laßt uns ein halb Dutzend Freunde laden,
Und damit gut. Wie dünkt Euch Donnerstag?

PARIS.

Mein Graf, ich wollte, Donnerstag wär' morgen.

CAPULET.

Gut, geht nur heim! Sei's denn am Donnerstag!
Geh, Frau, zu Julien, eh' du schlafen gehst,
Bereite sie auf diesen Hochzeittag!
Lebt wohl, mein Graf!

Paris ab.

He! Licht auf meine Kammer!
Nach meiner Weise ist's so spät, daß wir
Bald früh es nennen können. Gute Nacht!

Capulet und die Gräfin ab.

Fünfte Szene

Juliens Zimmer. Romeo und Julia.

JULIA.

Willst du schon gehn? Der Tag ist ja noch fern.
Es war die Nachtigall, und nicht die Lerche,
Die eben jetzt dein banges Ohr durchdrang;
Sie singt des Nachts auf dem Granatbaum dort.
Glaub', Lieber, mir: es war die Nachtigall.

ROMEO.

Die Lerche war's, die Tagverkünderin,
Nicht Philomele; sieh den neid'schen Streif,
Der dort im Ost der Frühe Wolken säumt:
Die Nacht hat ihre Kerzen ausgebrannt,
Der muntre Tag erklimmt die dunst'gen Höh'n:
Nur Eile rettet mich, Verzug ist Tod.

JULIA.

Trau' mir, das Licht ist nicht des Tages Licht,
Die Sonne hauchte dieses Luftbild aus,
Dein Fackelträger diese Nacht zu sein,
Dir auf dem Weg nach Mantua zu leuchten;
Drum bleibe noch: zu gehn ist noch nicht Not.

ROMEO.

Laß sie mich greifen, ja, laß sie mich töten!
Ich gebe gern mich drein, wenn du es willst.

Nein, jenes Grau ist nicht des Morgens Auge,
Der bleiche Abglanz nur von Cynthias Stirn.
Das ist auch nicht die Lerche, deren Schlag
Hoch über uns des Himmels Wölbung trifft.
Ich bleibe gern: zum Gehn bin ich verdrossen.
Willkommen, Tod! hat Julia dich beschlossen. –
Nun, Herz? Noch tagt es nicht, noch plaudern wir.

JULIA.
Es tagt, es tagt! Auf! eile! fort von hier!
Es ist die Lerche, die so heiser singt
Und falsche Weisen, rauhen Mißton gurgelt.
Man sagt, der Lerche Harmonie sei süß;
Nicht diese: sie zerreißt die unsre ja.
Die Lerche, sagt man, wechselt mit der Kröte
Die Augen: möchte sie doch auch die Stimme!
Die Stimm' ist's ja, die Arm aus Arm uns schreckt,
Dich von mir jagt, da sie den Tag erweckt.
Stets hell und heller wird's: wir müssen scheiden.

ROMEO.
Hell? Dunkler stets und dunkler unsre Leiden!

Die Wärterin kommt herein.

WÄRTERIN.
Fräulein!

JULIA.
Amme?

WÄRTERIN.
Die gnäd'ge Gräfin kömmt in Eure Kammer;
Seid auf der Hut: schon regt man sich im Haus.

Wärterin ab.

JULIA *das Fenster öffnend.*

Tag, schein' herein! und Leben, flieh' hinaus!

ROMEO.

Ich steig' hinab: laß dich noch einmal küssen!

Er steigt aus dem Fenster.

JULIA *aus dem Fenster ihm nachsehend.*

Freund! Gatte! Trauter! Bist du mir entrissen?

Gib Nachricht jeden Tag zu jeder Stunde;

Schon die Minut' enthält der Tage viel.

Ach, so zu rechnen, bin ich hoch in Jahren,

Eh' meinen Romeo ich wiederseh'.

ROMEO *außerhalb.*

Leb wohl! Kein Mittel lass' ich aus den Händen,

Um dir, du Liebe, meinen Gruß zu senden.

JULIA.

O denkst du, daß wir je uns wiedersehn?

ROMEO.

Ich zweifle nicht, und all dies Leiden dient

In Zukunft uns zu süßerem Geschwätz.

JULIA.

O Gott! ich hab' ein Unglück ahndend Herz.

Mir deucht, ich säh' dich, da du unten bist,

Als lägst du tot in eines Grabes Tiefe.

Mein Auge trügt mich oder du bist bleich.

ROMEO.

So, Liebe, scheinst du meinen Augen auch.

Der Schmerz trinkt unser Blut. Leb wohl! leb wohl!

Ab.

JULIA.

O Glück! ein jeder nennt dich unbeständig;

Wenn du es bist: was tust du mit dem Treuen?
Sei unbeständig, Glück! Dann hältst du ihn
Nicht lange, hoff' ich, sendest ihn zurück.

GRÄFIN CAPULET *hinter der Szene.*

He, Tochter, bist du auf?

JULIA.

Wer ruft mich? Ist es meine gnäd'ge Mutter?
Wacht sie so spät noch, oder schon so früh?
Welch ungewohnter Anlaß bringt sie her?

Die Gräfin Capulet kommt herein.

GRÄFIN CAPULET.

Nun, Julia! wie geht's?

JULIA.

Mir ist nicht wohl.

GRÄFIN CAPULET.

Noch immer weinend um des Vetters Tod?
Willst du mit Tränen aus der Gruft ihn waschen?
Und könntest du's, das rief' ihn nicht ins Leben:
Drum laß das; trauern zeugt von vieler Liebe,
Doch zu viel trauern zeugt von wenig Witz.

JULIA.

Um einen Schlag, der so empfindlich traf.
Erlaubt zu weinen mir!

GRÄFIN CAPULET.

So trifft er dich;
Der Freund empfindet nichts, den du beweinst.

JULIA.

Doch ich empfind', und muß den Freund beweinen.

GRÄFIN CAPULET.

Mein Kind, nicht seinen Tod so sehr beweinst du,
Als daß der Schurke lebt, der ihn erschlug.

90

JULIA.

Was für ein Schurke?

GRÄFIN CAPULET.

Nun, der Romeo.

JULIA *beiseit.*

Er und ein Schurk' sind himmelweit entfernt. –

Laut.

Vergeb' ihm Gott! Ich tu's von ganzem Herzen;
Und dennoch kränkt kein Mann, wie er, mein Herz.

GRÄFIN CAPULET.

Ja freilich, weil der Meuchelmörder lebt.

JULIA.

Ja, wo ihn diese Hände nicht erreichen! –
O rächte niemand doch als ich den Vetter!

GRÄFIN CAPULET.

Wir wollen Rache nehmen, sorge nicht:
Drum weine du nicht mehr! Ich send' an jemand
Zu Mantua, wo der Verlaufne lebt;
Der soll ein kräftig Tränkchen ihm bereiten,
Das bald ihn zum Gefährten Tybalts macht:
Dann wirst du hoffentlich zufrieden sein.

JULIA.

Fürwahr, ich werde nie mit Romeo
Zufrieden sein, erblick' ich ihn nicht – tot –,
Wenn so mein Herz um einen Blutsfreund leidet.
Ach, fändet Ihr nur jemand, der ein Gift
Ihm reichte, gnäd'ge Frau: ich wollt' es mischen,
Daß Romeo, wenn er's genommen, bald
In Ruhe schliefe. – Wie mein Herz es haßt,
Ihn nennen hören – und nicht zu ihm können –,
Die Liebe, die ich zu dem Vetter trug,

An dem, der ihn erschlagen hat, zu büßen!
GRÄFIN CAPULET.

Findst du das Mittel, find' ich wohl den Mann.

Doch bring' ich jetzt dir frohe Zeitung, Mädchen.
JULIA.

In so bedrängter Zeit kommt Freude recht.

Wie lautet sie? Ich bitt' Euch, gnäd'ge Mutter!
GRÄFIN CAPULET.

Nun, Kind, du hast 'nen aufmerksamen Vater:

Um dich von deinem Trübsinn abzubringen,

Ersann er dir ein plötzlich Freudenfest,

Des ich so wenig mich versah, wie du.
JULIA.

Ei, wie erwünscht! Was wär' das, gnäd'ge Mutter?
GRÄFIN CAPULET.

Ja, denk' dir, Kind! Am Donnerstag früh morgens

Soll der hochedle, wackre junge Herr,

Graf Paris, in Sankt Peters Kirche dich

Als frohe Braut an den Altar geleiten.
JULIA.

Nun, bei Sankt Peters Kirch' und Petrus selbst!

Er soll mich nicht als frohe Braut geleiten.

Mich wundert diese Eil', daß ich vermählt

Muß werden, eh' mein Freier kömmt zu werben.

Ich bitt' Euch, gnäd'ge Frau, sagt meinem Vater

Und Herrn, ich wolle noch mich nicht vermählen;

Und wenn ich's tue, schwör' ich: Romeo,

Von dem Ihr wißt, ich hass' ihn, soll es lieber

Als Paris sein. – Fürwahr, das ist wohl Zeitung!
GRÄFIN CAPULET.

Da kommt dein Vater: sag du selbst ihm das;

Sieh, wie er sich's von dir gefallen läßt.

Capulet und die Wärterin kommen.

CAPULET.

Die Luft sprüht Tau beim Sonnenuntergang,
Doch bei dem Untergange meines Neffen,
Da gießt der Regen recht.
Was? Eine Traufe, Mädchen? Stets in Tränen?
Stets Regenschauer? In so kleinem Körper
Spielst du auf einmal See und Wind und Kahn,
Denn deine Augen ebben stets und fluten
Von Tränen wie die See; dein Körper ist der Kahn
Der diese salze Flut befährt; die Seufzer
Sind Winde, die, mit deinen Tränen tobend,
Wie die mit ihnen, wenn nicht Stille plötzlich
Erfolgt, den hin- und hergeworfnen Körper
Zertrümmern werden. – Nun, wie steht es, Frau?
Hast du ihr unsern Ratschluß hinterbracht?

GRÄFIN CAPULET.

Ja, doch sie will es nicht, sie dankt Euch sehr.
Wär' doch die Törin ihrem Grab vermählt!

Will gehen.

CAPULET.

Sacht, nimm mich mit dir, nimm mich mit dir, Frau.
Was? Will sie nicht? Weiß sie uns keinen Dank?
Ist sie nicht stolz? Schätzt sie sich nicht beglückt,
Daß wir solch einen würd'gen Herrn vermocht,
Trotz ihrem Unwert, ihr Gemahl zu sein?

JULIA.

Nicht stolz darauf, doch dankbar, daß Ihr's tatet.
Stolz kann ich nie auf das sein, was ich hasse;
Doch dankbar selbst für Haß, gemeint wie Liebe.

CAPULET.

Ei, seht mir! seht mir! Kramst du Weisheit aus?
Stolz – und ich dank' Euch – und ich dank' Euch nicht –
Und doch nicht stolz – Hör' Fräulein Zierlich du,
Nichts da gedankt von Dank, stolziert von Stolz!
Rück' nur auf Donnerstag dein zart Gestell zurecht,
Mit Paris nach Sankt Peters Kirch' zu gehn,
Sonst schlepp' ich dich auf einer Schleife hin.
Pfui, du bleichsücht'ges Ding! du lose Dirne!
Du Talggesicht!

GRÄFIN CAPULET.

O pfui! seid Ihr von Sinnen?

JULIA.

Ich fleh' Euch auf den Knie'n, mein guter Vater:
Hört mit Geduld ein einzig Wort nur an!

CAPULET.

Geh mir zum Henker, widerspenst'ge Dirne!
Ich sage dir's: zur Kirch' auf Donnerstag,
Sonst komm mir niemals wieder vor 's Gesicht!
Sprich nicht! erwidre nicht! gib keine Antwort!
Die Finger jucken mir. O Weib! Wir glaubten
Uns kaum genug gesegnet, weil uns Gott
Dies eine Kind nur sandte; doch nun seh' ich,
Dies eine war um eines schon zu viel,
Und nur ein Fluch ward uns in ihr beschert.
Du Hexe!

WÄRTERIN.

Gott im Himmel segne sie!
Eu'r Gnaden tun nicht wohl, sie so zu schelten.

CAPULET.

Warum, Frau Weisheit? Haltet Euren Mund,
Prophetin! Schnattert mit Gevatterinnen!

WÄRTERIN.

Ich sage keine Schelmstück'.

CAPULET.

Geht mit Gott!

WÄRTERIN.

Darf man nicht sprechen?

CAPULET.

Still doch, altes Waschmaul,

Spart Eure Predigt zum Gevatterschmaus:

Hier brauchen wir sie nicht.

GRÄFIN CAPULET.

Ihr seid zu hitzig.

CAPULET.

Gotts Sakrament! es macht mich toll. Bei Tag,

Bei Nacht, spät, früh, allein und in Gesellschaft,

Zu Hause, draußen, wachend und im Schlaf,

War meine Sorge stets, sie zu vermählen.

Nun, da ich einen Herrn ihr ausgemittelt,

Von fürstlicher Verwandtschaft, schönen Gütern,

Jung, edel auferzogen, ausstaffiert,

Wie man wohl sagt, mit ritterlichen Gaben:

Und dann ein albern, winselndes Geschöpf,

Ein weinerliches Püppchen da zu haben,

Die, wenn ihr Glück erscheint, zur Antwort gibt:

»Heiraten will ich nicht, ich kann nicht lieben,

Ich bin zu jung, – ich bitt', entschuldigt mich!« –

Gut, wollt Ihr nicht, Ihr sollt entschuldigt sein:

Grast, wo Ihr wollt, Ihr sollt bei mir nicht hausen.

Seht zu! bedenkt: ich pflege nicht zu spaßen.

Der Donnerstag ist nah: die Hand aufs Herz!

Und bist du mein, so soll mein Freund dich haben;

Wo nicht: geh, bettle, hungre, stirb am Wege!

Denn nie, bei meiner Seel', erkenn' ich dich,
Und nichts, was mein, soll dir zu gute kommen.
Bedenk' dich! glaub', ich halte, was ich schwur!

Ab.

JULIA.

Und wohnt kein Mitleid droben in den Wolken,
Das in die Tiefe meines Jammers schaut?
O süße Mutter, stoß' mich doch nicht weg!
Nur einen Monat, eine Woche Frist!
Wo nicht, bereite mir das Hochzeitbette
In jener düstern Gruft, wo Tybalt liegt!

GRÄFIN CAPULET.

Sprich nicht zu mir, ich sage nicht ein Wort:
Tu', was du willst, du gehst mich nichts mehr an.

Ab.

JULIA.

O Gott! wie ist dem vorzubeugen, Amme?
Mein Gatt' auf Erden, meine Treu' im Himmel –
Wie soll die Treu' zur Erde wiederkehren,
Wenn sie der Gatte nicht, der Erd' entweichend,
Vom Himmel sendet? – Tröste! rate! hilf!
Weh, weh mir, daß der Himmel solche Tücken
An einem sanften Wesen übt wie ich!
Was sagst du? hast du kein erfreuend Wort,
Kein Wort des Trostes?

WÄRTERIN.

Meiner Seel', hier ist's.
Er ist verbannt, und tausend gegen eins,
Daß er sich nimmer wieder hergetraut,
Euch anzusprechen; oder tät' er es,

So müßt' es schlechterdings verstohlen sein.
Nun, weil denn so die Sachen stehn, so denk' ich,
Das beste wär', daß Ihr den Grafen nähmt.
Ach, er ist solch ein allerliebster Herr!
Ein Lump ist Romeo nur gegen ihn.
Ein Adlersauge, Fräulein, ist so grell,
So schön, so feurig nicht, wie Paris seins.
Ich will verwünscht sein, ist die zweite Heirat
Nicht wahres Glück für Euch; weit vorzuziehn
Ist sie der ersten. Oder wär' sie's nicht?
Der erste Mann ist tot, so gut als tot;
Denn lebt er schon, habt Ihr doch nichts von ihm.

JULIA.

Sprichst du von Herzen?

WÄRTERIN.

Und von ganzer Seele,
Sonst möge Gott mich strafen!

JULIA.

Amen!

WÄRTERIN.

Was?

JULIA.

Nun ja, du hast mich wunderbar getröstet.
Geh, sag der Mutter, weil ich meinen Vater
Erzürnt, so woll' ich nach Lorenzos Zelle,
Zu beichten und Vergebung zu empfahn.

WÄRTERIN.

Gewiß, das will ich. Ihr tut weislich dran.

Ab.

JULIA.

O alter Erzfeind! höllischer Versucher!

Ist's ärgre Sünde, so zum Meineid mich
Verleiten, oder meinen Gatten schmähn
Mit eben dieser Zunge, die zuvor
Vieltausendmal ihn ohne Maß und Ziel
Gepriesen hat? – Hinweg, Ratgeberin!
Du und mein Busen sind sich künftig fremd. –
Ich will zum Mönch, ob er nicht Hülfe schafft:
Schlägt alles fehl, hab' ich zum Sterben Kraft.

Ab.

Vierter Aufzug

Erste Szene

Bruder Lorenzos Zelle. Lorenzo und Paris.

LORENZO.

    Auf Donnerstag? Die Frist ist kurz, mein Graf.

PARIS.

    Mein Vater Capulet verlangt es so,

    Und meine Säumnis soll die Eil' nicht hemmen.

LORENZO.

    Ihr sagt, Ihr kennt noch nicht des Fräuleins Sinn:

    Das ist nicht grade Bahn; so lieb' ich's nicht.

PARIS.

    Unmäßig weint sie über Tybalts Tod,

    Und darum sprach ich wenig noch von Liebe:

    Im Haus der Tränen lächelt Venus nicht.

    Nun hält's ihr Vater, würd'ger Herr, gefährlich,

    Daß sie dem Grame so viel Herrschaft gibt,

    Und treibt in weiser Vorsicht auf die Heirat,

    Um ihrer Tränen Ströme zu vertrocknen.

    (Das nimmt vielleicht Geselligkeit von ihr,

    Worein sie Einsamkeit zu tief versenkt.)

    Jetzt wißt Ihr um die Ursach' dieser Eil'.

LORENZO *beiseit.*

    Wüßt' ich nur nicht, was ihr im Wege steht!

Laut.

Seht, Graf! das Fräulein kommt in meine Zelle.

Julia tritt auf.

PARIS.

Ha, schön getroffen, meine liebe Braut!

JULIA.

Das werd' ich dann erst sein, wenn man uns traut.

PARIS.

Man wird, man soll uns Donnerstag vermählen.

JULIA.

Was sein soll, wird geschehn.

LORENZO.

Das kann nicht fehlen.

PARIS.

Kommt Ihr, die Beicht' dem Vater abzulegen?

JULIA.

Gäb' ich Euch Antwort, legt' ich Euch sie ab.

PARIS.

Verleugnet es ihm nicht, daß Ihr mich liebt!

JULIA.

Bekennen will ich Euch, ich liebe ihn.

PARIS.

Gewiß bekennt Ihr auch, Ihr liebet mich.

JULIA.

Tu' ich's, so hat es, hinter Eurem Rücken
Gesprochen, höhern Wert als ins Gesicht.

PARIS.

Du Arme! dein Gesicht litt sehr von Tränen.

JULIA.

Die Tränen dürfen sich des Siegs nicht rühmen:
Es taugte wenig, eh' sie's angefochten.

PARIS.

Dies Wort tut, mehr als Tränen, ihm zu nah.

JULIA.

Doch kann die Wahrheit nicht Verleumdung sein.

Was ich gesagt, sagt' ich mir ins Gesicht.

PARIS.

Doch mein ist das Gesicht, das du verleumdest.

JULIA.

Das mag wohl sein, denn es ist nicht mein eigen. –
Ehrwürd'ger Vater, habt Ihr Muße jetzt?
Wie, oder soll ich um die Vesper kommen?

LORENZO.

Jetzt hab' ich Muße, meine ernste Tochter.
Vergönnt Ihr uns, allein zu bleiben, Graf?

PARIS.

Verhüte Gott, daß ich die Andacht störe!
Früh Donnerstags will ich Euch wecken, Fräulein:
So lang' lebt wohl! Nehmt diesen heil'gen Kuß!

Ab.

JULIA.

O schließ' die Tür, und wenn du das getan,
Komm, wein' mit mir: Trost, Hoffnung, Hülf' ist hin!

LORENZO.

Ach, Julia! ich kenne schon dein Leid,
Es drängt aus allen Sinnen mich heraus;
Du mußt, und nichts, so hör' ich, kann's verzögern,
Am Donnerstag dem Grafen dich vermählen.

JULIA.

Sag mir nicht, Vater, daß du das gehört,
Wofern du nicht auch sagst, wie ich's verhindre:
Kann deine Weisheit keine Hülfe leihn,
So nenne weise meinen Vorsatz nur,
Und dieses Messer hilft mir auf der Stelle.
Gott fügt' in eins mein Herz und Romeos,
Die Hände du; und ehe diese Hand,

Die du dem Romeo versiegelt, dient
Zur Urkund' eines andern Bundes, oder
Mein treues Herz von ihm zu einem andern
Verrät'risch abfällt, soll dies beide töten.
Drum gib aus der Erfahrung langer Zeiten
Mir augenblicklich Rat; wo nicht, so sieh,
Wie dieses blut'ge Messer zwischen mir
Und meiner Drangsal richtet, das entscheidend,
Was deiner Jahr' und deiner Kunst Gewicht
Zum Ausgang nicht mit Ehren bringen konnte.
O zaudre nicht so lang'! Den Tod verlang' ich,
Wenn deine Antwort nicht von Hülfe spricht.

LORENZO.

Halt, Tochter! Ich erspähe was wie Hoffnung:
Allein es auszuführen heischt Entschluß,
Verzweifelt, wie das Übel, das wir fliehn.
Hast du die Willensstärke, dich zu töten,
Eh' du dem Grafen Paris dich vermählst,
Dann zweifl' ich nicht, du unternimmst auch wohl
Ein Ding wie Tod, die Schmach hinwegzutreiben,
Der zu entgehn du selbst den Tod umarmst;
Und wenn du's wagst, so biet' ich Hülfe dir.

JULIA.

Oh, lieber als dem Grafen mich vermählen,
Heiß' von der Zinne jenes Turms mich springen,
Da gehn, wo Räuber streifen, Schlangen lauern,
Und kette mich an wilde Bären fest;
Birg bei der Nacht mich in ein Totenhaus
Voll rasselnder Gerippe, Moderknochen
Und gelber Schädel mit entzahnten Kiefern;
Heiß' in ein frisch gemachtes Grab mich gehn
Und in das Leichentuch des Toten hüllen!

Sprach man sonst solche Dinge, bebt' ich schon;
Doch tu' ich ohne Furcht und Zweifel sie,
Des süßen Gatten reines Weib zu bleiben.

LORENZO.

Wohl denn! Geh heim, sei fröhlich, will'ge drein,
ich zu vermählen: morgen ist es Mittwoch;
Sieh, wie du morgen nacht allein magst ruhn;
Laß nicht die Amm' in deiner Kammer schlafen:
Nimm dieses Fläschchen dann mit dir zu Bett,
Und trink' den Kräutergeist, den es verwahrt.
Dann rinnt alsbald ein kalter, matter Schauer
Durch deine Adern und bemeistert sich
Der Lebensgeister; den gewohnten Gang
Hemmt jeder Puls und hört zu schlagen auf.
Kein Odem, keine Wärme zeugt von Leben;
Der Lippen und der Wangen Rosen schwinden
Zu bleicher Asche; deiner Augen Vorhang
Fällt, wie wenn Tod des Lebens Tag verschließt.
Ein jedes Glied, gelenker Kraft beraubt,
Soll steif und starr und kalt wie Tod erscheinen.
Als solch ein Ebenbild des dürren Todes
Sollst du verharren zweiundvierzig Stunden,
Und dann erwachen wie von süßem Schlaf.
Wenn nun der Bräutigam am Morgen kommt
Und dich vom Lager ruft, da liegst du tot;
Dann (wie die Sitte unsres Landes ist)
Trägt man auf einer Bahr' in Feierkleidern
Dich unbedeckt in die gewölbte Gruft,
Wo alle Capulets von Alters ruhn.
Zur selben Zeit, wenn du erwachen wirst,
Soll Romeo aus meinen Briefen wissen,
Was wir erdacht' und sich hieher begeben.

Wir wollen beid' auf dein Erwachen harren;
Und in derselben Nacht soll Romeo
Dich fort von hier nach Mantua geleiten.
Das rettet dich von dieser droh'nden Schmach,
Wenn schwacher Unbestand und weib'sche Furcht
Dir in der Ausführung den Mut nicht dämpft.
JULIA.
Gib mir, o gib mir! Rede nicht von Furcht!
LORENZO.
Nimm, geh mit Gott, halt' fest an dem Entschluß!
Ich send' indes mit Briefen einen Bruder
In Eil' nach Mantua zu deinem Treuen.
JULIA.
Gib, Liebe, Kraft mir! Kraft wird Hülfe leihen.
Lebt wohl, mein teurer Vater!

Beide ab.

Zweite Szene

Ein Zimmer in Capulets Hause. Capulet, Gräfin Capulet,
Wärterin, Bediente.

CAPULET.
So viele Gäste lad', als hier geschrieben!

Ein Bedienter ab.

Du, Bursch, geh', miet' mir zwanzig tücht'ge Köche!
BEDIENTER. Ihr sollt gewiß keine schlechten kriegen, gnäd'ger
Herr; denn ich will erst zusehn, ob sie sich die Finger ablecken
können.
CAPULET. Was soll das für eine Probe sein?

BEDIENTER. Ei, gnädiger Herr, das wäre ein schlechter Koch, der seinen eignen Finger nicht ablecken könnte. Drum, wer das nicht kann, der geht nicht mit mir.

CAPULET.

Geh, mach fort! –

Bedienter ab.

Die Zeit ist kurz, es wird an manchem fehlen. –
Wie ist's? Ging meine Tochter hin zum Pater?

WÄRTERIN.

Ja, wahrhaftig.

CAPULET.

Wohl! Gutes stiftet er vielleicht bei ihr:
Sie ist ein albern, eigensinnig Ding.

Julia tritt auf.

WÄRTERIN.

Seht, wie sie fröhlich aus der Beichte kömmt!

CAPULET.

Nun, Starrkopf? Sag, wo bist herumgeschwärmt?

JULIA.

Wo ich gelernt, die Sünde zu bereun
Hartnäck'gen Ungehorsams gegen Euch
Und Eu'r Gebot, und wo der heil'ge Mann
Mir auferlegt, vor Euch mich hinzuwerfen,
Vergebung zu erflehn. – Vergebt, ich bitt' Euch;
Von nun an will ich stets Euch folgsam sein.

CAPULET.

Schickt nach dem Grafen, geht und sagt ihm dies:
Gleich morgen früh will ich dies Band geknüpft sehn.

JULIA.

Ich traf den jungen Grafen bei Lorenzo,

Und alle Huld und Lieb' erwies ich ihm,
So das Gesetz der Zucht nicht übertritt.

CAPULET.

Nun wohl! das freut mich, das ist gut. – Steh auf!
So ist es recht. – Laßt mich den Grafen sehn!
Potztausend! Geht, sag' ich, und holt ihn her! –
So wahr Gott lebt, der würd'ge fromme Pater,
Von unsrer ganzen Stadt verdient er Dank.

JULIA.

Kommt, Amme! Wollt Ihr mit mir auf mein Zimmer,
Mir helfen Putz erlesen, wie Ihr glaubt,
Daß mir geziemt, ihn morgen anzulegen?

GRÄFIN CAPULET.

Nein, nicht vor Donnerstag; es hat noch Zeit.

CAPULET.

Geh mit ihr, Amme! Morgen geht's zur Kirche.

Julia und die Amme ab.

GRÄFIN CAPULET.

Die Zeit wird kurz zu unsrer Anstalt fallen:
Es ist fast Nacht.

CAPULET.

Blitz! ich will frisch mich rühren,
Und alles soll schon gehn, Frau, dafür steh' ich.
Geh du zu Julien, hilf an ihrem Putz!
Ich gehe nicht zu Bett: laßt mich gewähren,
Ich will die Hausfrau diesmal machen. – Heda! –
Kein Mensch zur Hand? – Gut, ich will selber gehn
Zum Grafen Paris, um ihn anzutreiben
Auf morgen früh: mein Herz ist mächtig leicht,
Seit dies verkehrte Mädchen sich besonnen.

Capulet und die Gräfin ab.

106

Dritte Szene

Juliens Kammer. Julia und die Wärterin.

JULIA.

Ja, dieser Anzug ist der beste. – Doch
Ich bitt' dich, liebe Amme, laß mich nun
Für diese Nacht allein; denn viel Gebete
Tun not mir, um den Himmel zu bewegen,
Daß er auf meinen Zustand gnädig lächle,
Der, wie du weißt, verderbt und sündlich ist.

Gräfin Capulet kommt.

GRÄFIN CAPULET.

Seid ihr geschäftig? Braucht ihr meine Hülfe?

JULIA.

Nein, gnäd'ge Mutter, wir erwählten schon
Zur Tracht für morgen alles Zubehör.
Gefällt es Euch, so laßt mich jetzt allein,
Und laßt zu Nacht die Amme mit Euch wachen;
Denn sicher habt Ihr alle Hände voll
Bei dieser eil'gen Anstalt.

GRÄFIN CAPULET.

Gute Nacht!
Geh nun zu Bett und ruh'; du hast es nötig.

Gräfin Capulet und die Wärterin ab.

JULIA.

Lebt wohl! – Gott weiß, wann wir uns wieder sehn.
Kalt rieselt matter Schau'r durch meine Adern,
Der fast die Lebenswärm' erstarren macht.
Ich will zurück sie rufen mir zum Trost. –
Amme! – Doch was soll sie hier? –

Mein düstres Spiel muß ich allein vollenden.
Komm du, mein Kelch! –
Doch wie? wenn dieser Trank nun gar nichts wirkte,
Wird man dem Grafen mit Gewalt mich geben?
Nein, nein: dies soll's verwehren. – Lieg' du hier! –

Sie legt einen Dolch neben sich.

Wie? wär' es Gift, das mir mit schlauer Kunst
Der Mönch bereitet, mir den Tod zu bringen,
Auf daß ihn diese Heirat nicht entehre,
Weil er zuvor mich Romeon vermählt?
So, fürcht' ich, ist's; doch dünkt mich, kann's nicht sein,
Denn er ward stets ein frommer Mann erfunden.
Ich will nicht Raum so bösem Argwohn geben. –
Wie aber? wenn ich, in die Gruft gelegt,
Erwache vor der Zeit, da Romeo
Mich zu erlösen kommt? Furchtbarer Fall!
Werd' ich dann nicht in dem Gewölb' ersticken,
Des gift'ger Mund nie reine Lüfte einhaucht,
Und so erwürgt da liegen, wann er kommt?
Und leb' ich auch, könnt' es nicht leicht geschehn,
Daß mich das grause Bild von Tod und Nacht,
Zusammen mit den Schrecken jenes Ortes,
Dort im Gewölb' in alter Katakombe,
Wo die Gebeine aller meiner Ahnen
Seit vielen hundert Jahren aufgehäuft,
Wo frisch beerdigt erst der blut'ge Tybalt
Im Leichentuch verwest; wo, wie man sagt,
In mitternächt'ger Stunde Geister hausen –
Weh, weh! könnt' es nicht leicht geschehn, daß ich,
Zu früh erwachend, – und nun ekler Dunst,
Gekreisch wie von Alraunen, die man aufwühlt,

Das Sterbliche, die's hören, sinnlos macht –
Oh, wach' ich auf, werd' ich nicht rasend werden,
Umringt von all den greuelvollen Schrecken,
Und toll mit meiner Väter Glieder spielen?
Und Tybalt aus dem Leichentuche zerren?
Und in der Wut, mit eines großen Ahnherrn
Gebein, zerschlagen mein zerrüttet Hirn?
O seht! mich dünkt, ich sehe Tybalts Geist!
Er späht nach Romeo, der seinen Leib
Auf einen Degen spießte. – Weile, Tybalt! –
Ich komme, Romeo! Dies trink' ich dir.

Sie wirft sich auf das Bette.

Vierte Szene

Ein Saal in Capulets Hause. Gräfin Capulet und die Wärterin.

GRÄFIN CAPULET.
　　Da, nehmt die Schlüssel, holt noch mehr Gewürz!
WÄRTERIN.
　　Sie wollen Quitten und Orangen haben
　　In der Konditorei.

Capulet kommt.

CAPULET.
　　Kommt, rührt euch! Frisch! Schon kräht der zweite Hahn,
　　Die Morgenglocke läutet; 's ist drei Uhr.
　　Sieh nach dem Backwerk, Frau Angelica,
　　Spar' nichts daran!
WÄRTERIN.
　　Topfgucker! Geht nur, geht!
　　Macht Euch zu Bett! – Gelt, Ihr seid morgen krank,

Wenn Ihr die ganze Nacht nicht schlaft.
CAPULET.

Kein bißchen! Was? Ich hab' um Kleiners wohl
Die Nächte durchgewacht, und war nie krank.
GRÄFIN CAPULET.

Ja, ja! Ihr wart ein feiner Vogelsteller
Zu Eurer Zeit! Nun aber will ich Euch
Vor solchem Wachen schon bewachen.

Gräfin und Wärterin ab.

CAPULET.

O Ehestand! o Wehestand! Nun, Kerl',
Was bringt ihr da?

*Bediente mit Bratspießen, Scheiten und Körben gehn über die
Bühne.*

ERSTE BEDIENTE.

's ist für den Koch, Herr; was, das weiß ich nicht.
CAPULET.

Macht zu, macht zu!

Bedienter ab.

Hol' trockne Klötze, Bursch!
Ruf' Petern, denn der weiß es, wo sie sind.
ZWEITER BEDIENTE.

Braucht Ihr 'nen Klotz, Herr, bin ich selber da,
Und hab' nicht nötig, Petern anzugehn.
CAPULET.

Blitz! gut gesagt! Ein lust'ger Teufel! Ha,
Du sollst das Haupt der Klötze sein. – Wahrhaftig,
's ist Tag: der Graf wird mit Musik gleich kommen.
Das wollt' er, sagt' er ja: ich hör' ihn schon.

110

Musik hinter der Szene.

Frau! Wärterin! He, sag' ich, Wärterin!

Die Wärterin kommt.

Weckt Julien auf! Geht, putzt mir sie heraus;
Ich geh' indes und plaudre mit dem Grafen.
Eilt Euch, macht fort! Der Bräut'gam ist schon da.
Fort! sag' ich Euch.

Ab.

Fünfte Szene

Juliens Kammer. Julia auf dem Bette. Die Wärterin kommt.

WÄRTERIN.

Fräulein! Nun, Fräulein! – Julia! – Nun, das schläft! –
He, Lamm! He, Fräulein! – Pfui, Langschläferin! –
Mein Schätzchen, sag' ich! Süßes Herz! Mein Bräutchen! –
Was? nicht ein Laut? – Ihr nehmt Eu'r Teil voraus,
Schlaft für 'ne Woche, denn ich steh' dafür,
Auf nächste Nacht hat seine Ruh' Graf Paris
Daran gesetzt, daß Ihr nicht ruhen sollt. –
Behüt' der Herr sie! Wie gesund sie schläft!
Ich muß sie aber wecken. – Fräulein! Fräulein!
Laßt Euch den Grafen nur im Bett ertappen,
Der wird Euch schon ermuntern: meint Ihr nicht? –
Was? schon in vollen Kleidern? und so wieder
Sich hingelegt? Ich muß durchaus Euch wecken.
He, Fräulein! Fräulein! Fräulein! –
Daß Gott! daß Gott! Zu Hülfe! sie ist tot!
Ach, liebe Zeit! mußt' ich den Jammer sehn! –

Holt Spiritus! He, gnäd'ger Herr! Frau Gräfin!
Gräfin Capulet kommt.

GRÄFIN CAPULET.

Was ist das für ein Lärm?

WÄRTERIN.

O Unglückstag!

GRÄFIN CAPULET.

Was gibt's?

WÄRTERIN.

Seht, seht nur! O betrübter Tag!

GRÄFIN CAPULET.

O weh! o weh! Mein Kind! mein einzig Leben!
Erwach'! Leb' auf! Ich sterbe sonst mit dir.
O Hülfe! Hülfe! Ruft doch Hülfe!

Capulet kommt.

CAPULET.

Schämt Euch! Bringt Julien her! Der Graf ist da.

WÄRTERIN.

Ach, sie ist tot! verblichen! tot! O Wehe!

GRÄFIN CAPULET.

O Wehe! Wehe! Sie ist tot, tot, tot!

CAPULET.

Laßt mich sie sehn! – Gott helf' uns! Sie ist kalt,
Ihr Blut steht still, die Glieder sind ihr starr;
Von diesen Lippen schied das Leben längst,
Der Tod liegt auf ihr, wie ein Maienfrost
Auf des Gefildes schönster Blume liegt.
Fluch dieser Stund'! Ich armer, alter Mann!

WÄRTERIN.

O Unglückstag!

GRÄFIN CAPULET.

O jammervolle Stunde!

CAPULET.

Der Tod, der mir sie nahm, mir Klagen auszupressen,
Er bindet meine Zung' und macht sie stumm.

Bruder Lorenzo, Graf Paris und Musikanten treten auf.

LORENZO.

Kommt! Ist die Braut bereit, zur Kirch' zu gehn?

CAPULET.

Bereit zu gehn, um nie zurück zu kehren.
O Sohn! die Nacht vor deiner Hochzeit buhlte
Der Tod mit deiner Braut. Sieh, wie sie liegt,
Die Blume, die in seinem Arm verblühte.
Mein Eidam ist der Tod, der Tod mein Erbe;
Er freite meine Tochter. Ich will sterben,
Ihm alles lassen: wer das Leben läßt,
Verläßt dem Tode alles.

PARIS.

Hab' ich nach dieses Morgens Licht geschmachtet,
Und bietet es mir solchen Anblick dar?

GRÄFIN CAPULET.

Unseliger, verhaßter, schwarzer Tag!
Der Stunden jammervollste, so die Zeit
Seit ihrer langen Pilgerschaft gesehn!
Nur eins, ein einzig armes, liebes Kind,
Ein Wesen nur, mich dran zu freun, zu laben;
Und grausam riß es mir der Tod hinweg!

WÄRTERIN.

O Weh! O Jammer – Jammer – Jammertag!
Höchst unglücksel'ger Tag! betrübter Tag!
(Wie ich noch nimmer, nimmer einen sah!

O Tag! O Tag! O Tag! Verhaßter Tag!)
Solch schwarzen Tag wie diesen gab es nie:
O Jammertag! o Jammertag!
PARIS.

Berückt! geschieden! schwer gekränkt! erschlagen!
Fluchwürd'ger, arger Tod, durch dich berückt!
Durch dich so grausam, grausam hingestürzt!
O Lieb'! O Leben! Nein, nur Lieb' im Tode!
CAPULET.

Verhöhnt! bedrängt! gehaßt! zermalmt! getötet! –
Trostlose Zeit! weswegen kamst du jetzt,
Zu morden, morden unser Freudenfest? –
O Kind! Kind! – meine Seel' und nicht mein Kind! –
Tot bist du? – Wehe mir! mein Kind ist tot,
Und mit dem Kinde starben meine Freuden!
LORENZO.

Still! Hegt doch Scham! Solch Stürmen stillet nicht
Des Leidens Sturm. Ihr teiltet mit dem Himmel
Dies schöne Mädchen, nun hat er sie ganz,
Und um so besser ist es für das Mädchen.
Ihr konntet euer Teil nicht vor dem Tod
Bewahren; seins bewahrt im ew'gen Leben
Der Himmel. Sie erhöhn, war euer Ziel;
Eu'r Himmel war's, wenn sie erhoben würde:
Und weint ihr nun, erhoben sie zu sehn
Hoch über Wolken, wie der Himmel hoch?
Oh, wie verkehrt doch euer Lieben ist!
Verzweifelt ihr, weil ihr sie glücklich wißt?
Die lang' vermählt lebt, ist nicht wohl vermählet;
Wohl ist vermählt, die früh der Himmel wählet.
Hemmt eure Tränen, streuet Rosmarin
Auf diese schöne Leich', und, nach der Sitte,

114

Tragt sie zur Kirch' in ihrem besten Staat:
Denn heischt gleich die Natur ein schmerzlich Sehnen,
So lacht doch die Vernunft bei ihren Tränen.
CAPULET.
Was wir nur irgend festlich angestellt,
Kehrt sich von seinem Dienst zu schwarzer Trauer:
Das Spiel der Saiten wird zum Grabgeläut',
Die Hochzeitlust zum ernsten Leichenmahl,
Aus Feierliedern werden Totenmessen,
(Der Brautkranz dient zum Schmucke für die Bahre,)
Und alles wandelt sich ins Gegenteil.
LORENZO.
Verlaßt sie, Herr; geht mit ihm, gnäd'ge Frau;
Auch Ihr, Graf Paris: macht euch alle fertig,
Der schönen Leiche hin zur Gruft zu folgen!
Der Himmel zürnt mit euch um sünd'ge Tat;
Reizt ihn nicht mehr, gehorcht dem hohen Rat!

Capulet; Gräfin Capulet, Paris und Lorenzo ab.

ERSTER MUSIKANT. Mein' Seel'! wir können unsre Pfeifen auch
nur einstecken und uns packen.
WÄRTERIN.
Ihr guten Leute, ja, steckt ein! steckt ein!
Die Sachen hier sehn gar erbärmlich aus.

Ab.

ZWEITER MUSIKANT *zeigt auf sein Instrument.* Ja, meiner Treu,
die Sachen hier könnten wohl besser aussehen, aber sie klingen
doch gut.
PETER. O Musikanten! Musikanten! Spielt: »Frisch auf, mein Herz!
frisch auf, mein Herz, und singe!« O spielt, wenn euch mein
Leben lieb ist, spielt: »Frisch auf, mein Herz!«

ERSTER MUSIKANT. Warum: »Frisch auf, mein Herz?«

PETER. O Musikanten, weil mein Herz selber spielt: »Mein Herz voll Angst und Nöten.« O spielt mir eine lustige Litanei, um mich aufzurichten!

ZWEITER MUSIKANT. Nichts da von Litanei! Es ist jetzt nicht Spielens Zeit.

PETER. Ihr wollt es also nicht?

MUSIKANTEN. Nein.

PETER. Nun, so will ich es euch schon eintränken.

ERSTER MUSIKANT. Was wollt Ihr uns eintränken?

PETER. Keinen Wein, wahrhaftig; ich will euch eure Instrumente um den Kopf schlagen. Ich will euch befa-sol-laen. Das notiert euch!

ERSTER MUSIKANT. Wenn Ihr uns befa-sol-laet, so notiert Ihr uns.

PETER. Hört, spannt mir einmal eure Schafsköpfe, wie die Schafsdärme an euren Geigen. Antwortet verständlich:
»Wenn in der Leiden hartem Drang
Das bange Herze will erliegen,
Musik mit ihrem Silberklang« –
Warum »Silberklang«? Warum »Musik mit ihrem Silberklang«? Was sagt Ihr, Hans Kolophonium?

ERSTER MUSIKANT. Ei nun, Musje, weil Silber einen feinen Klang hat.

PETER. Recht artig! Was sagt Ihr, Michel Hackebrett?

ZWEITER MUSIKANT. Ich sage »Silberklang«, weil Musik nur für Silber klingt.

PETER. Auch recht artig! Was sagt Ihr, Jakob Gellohr?

DRITTER MUSIKANT. Mein' Seel', ich weiß nicht, was ich sagen soll.

PETER. Oh, ich bitte Euch um Vergebung! Ihr seid der Sänger, Ihr singt nur; so will ich es denn für Euch sagen. Es heißt

»Musik mit ihrem Silberklang«, weil solche Kerle, wie ihr, kein Gold fürs Spielen kriegen.
»Musik mit ihrem Silberklang
Weiß hülfreich ihnen obzusiegen.«

Geht singend ab.

ERSTER MUSIKANT. Was für ein Schalksnarr ist der Kerl!
ZWEITER MUSIKANT. Hol' ihn der Henker! Kommt, wir wollen hier hineingehn auf die Trauerleute warten, und sehen, ob es nichts zu essen gibt.

Alle ab.

Fünfter Aufzug

Erste Szene

Mantua. Eine Straße. Romeo tritt auf.

ROMEO.

Darf ich dem Schmeichelblick des Schlafes traun,
So deuten meine Träum' ein nahes Glück.
Leicht auf dem Thron sitzt meiner Brust Gebieter;
Mich hebt ein ungewohnter Geist mit frohen
Gedanken diesen ganzen Tag empor.
Mein Mädchen, träumt' ich, kam und fand mich tot
(Seltsamer Traum, der Tote denken läßt!)
Und hauchte mir solch Leben ein mit Küssen,
Daß ich vom Tod erstand und Kaiser war.
Ach Herz! wie süß ist Liebe selbst begabt,
Da schon so reich an Freud' ihr Schatten ist!

Balthasar tritt auf.

Ha, Neues von Verona! Sag, wie steht's?
Bringst du vom Pater keine Briefe mit?
Was macht mein teures Weib? Wie lebt mein Vater?
Ist meine Julia wohl? das frag' ich wieder;
Denn nichts kann übel stehn, geht's ihr nur wohl.

BALTHASAR.

Nun, ihr geht's wohl, und nichts kann übel stehn.
Ihr Körper schläft in Capulets Begräbnis,
Und ihr unsterblich Teil lebt bei den Engeln.
Ich sah sie senken in der Väter Gruft,
Und ritt in Eil' hieher, es Euch zu melden.
O Herr, verzeiht die schlimme Botschaft mir,

Weil Ihr dazu den Auftrag selbst mir gabt.
ROMEO.

Ist es denn so? Ich biet' euch Trotz, ihr Sterne! –
Du kennst mein Haus: hol' mir Papier und Tinte
Und miete Pferde; ich will fort zu Nacht.
BALTHASAR.

Verzeiht, ich darf Euch so nicht lassen, Herr!
Ihr seht so blaß und wild, und Eure Blicke
Weissagen Unglück.
ROMEO.

Nicht doch, du betrügst dich.
Laß mich, und tu', was ich dich heiße tun!
Hast du für mich vom Pater keine Briefe?
BALTHASAR.

Nein, bester Herr.
ROMEO.

Es tut nichts; mach' dich auf
Und miete Pferd', ich komme gleich zu Haus.
Balthasar ab.

Wohl, Julia, heute nacht ruh' ich bei dir!
Ich muß auf Mittel sinnen. – Oh, wie schnell
Drängt Unheil sich in der Verzweiflung Rat!
Mir fällt ein Apotheker ein; er wohnt
Hier irgendwo herum. – Ich sah ihn neulich,
Zerlumpt, die Augenbrauen überhangend;
Er suchte Kräuter aus; hohl war sein Blick,
Ihn hatte herbes Elend ausgemergelt;
Ein Schildpatt hing in seinem dürft'gen Laden,
Ein ausgestopftes Krokodil und Häute
Von mißgestalten Fischen: auf dem Sims
Ein bettelhafter Prunk von leeren Büchsen
Und grüne Töpfe, Blasen, müff'ger Samen,

Bindfadenendchen, alte Rosenkuchen,
Das alles dünn verteilt, zur Schau zu dienen.
Betrachtend diesen Mangel, sagt' ich mir:
Bedürfte jemand Gift hier, des Verkauf
In Mantua sogleich zum Tode führt,
Da lebt ein armer Schelm, der's ihm verkaufte.
Oh, der Gedanke zielt' auf mein Bedürfnis,
Und dieser dürft'ge Mann muß mir's verkaufen
So viel ich mich entsinn', ist dies das Haus:
Weil's Festtag ist, schloß seinen Kram der Bettler.
He! holla! Apotheker!

Der Apotheker kommt heraus.

APOTHEKER.
Wer ruft so laut?
ROMEO.
Mann, komm hieher! – Ich sehe, du bist arm.
Nimm, hier sind vierzig Stück Dukaten: gib
Mir eine Dose Gift; solch scharfen Stoff,
Der schnell durch alle Adern sich verteilt,
Daß tot der lebensmüde Trinker hinfällt,
Und daß die Brust den Odem von sich stößt
So ungestüm, wie schnell entzündet Pulver
Aus der Kanone furchtbar'm Schlunde blitzt.
APOTHEKER.
So tödliche Arzneien hab' ich wohl,
Doch Mantuas Gesetz ist Tod für jeden,
Der feil sie gibt.
ROMEO.
Bist du so nackt und bloß,
Von Plagen so bedrückt, und scheust den Tod?
Der Hunger sitzt in deinen hohlen Backen,

Not und Bedrängnis darbt in deinem Blick,
Auf deinem Rücken hängt zerlumptes Elend,
Die Welt ist nicht dein Freund, noch ihr Gesetz;
Die Welt hat kein Gesetz, dich reich zu machen:
Drum sei nicht arm, brich das Gesetz und nimm!
APOTHEKER.
Nur meine Armut, nicht mein Wille weicht.
ROMEO.
Nicht deinem Willen, deiner Armut zahl' ich.
APOTHEKER.
Tut dies in welche Flüssigkeit Ihr wollt,
Und trinkt es aus; und hättet Ihr die Stärke
Von Zwanzigen, es hülf' Euch gleich davon.
ROMEO.
Da ist dein Gold, ein schlimmres Gift den Seelen
Der Menschen, das in dieser eklen Welt
Mehr Mord verübt, als diese armen Tränkchen,
Die zu verkaufen dir verboten ist.
Ich gebe Gift dir; du verkaufst mir keins.
Leb wohl, kauf' Speis' und füttre dich heraus! –
Komm, Stärkungstrank, nicht Gift! Begleite mich
Zu Juliens Grab: denn da bedarf ich dich.

Ab.

Zweite Szene

Lorenzos Zelle. Bruder Marcus kömmt.

MARCUS.
Ehrwürd'ger Bruder Franziskaner! he!

Bruder Lorenzo kömmt.

LORENZO.

Das ist ja wohl des Bruders Marcus Stimme –
Willkommen mir von Mantua! Was sagt
Denn Romeo? Faßt’ er es schriftlich ab,
So gib den Brief!

MARCUS.

Ich ging, um einen Bruder
Barfüßer unsers Ordens, der den Kranken
In dieser Stadt hier zuspricht, zum Geleit
Mir aufzusuchen; und da ich ihn fand,
Argwöhnten die dazu bestellten Späher,
Wir wären beid’ in einem Haus, in welchem
Die böse Seuche herrschte, siegelten
Die Türen zu und ließen uns nicht gehn.
Dies hielt mich ab, nach Mantua zu eilen.

LORENZO.

Wer trug denn meinen Brief zum Romeo?

MARCUS.

Da hast du ihn, ich könnt’ ihn nicht bestellen:
Ihn dir zu bringen, fand kein Bote sich,
So bange waren sie vor Ansteckung.

LORENZO.

Unsel’ges Mißgeschick! Bei meinem Orden,
Nicht eitel war der Brief: sein Inhalt war
Von teuren Dingen, und die Säumnis kann
Gefährlich werden. Bruder Marcus, geh,
Hol’ ein Brecheisen mir und bring’s sogleich
In meine Zell’!

MARCUS.

Ich geh’ und bring’s dir, Bruder.

Ab.

122

LORENZO.

Ich muß allein zur Gruft nun. Innerhalb
Drei Stunden wird das schöne Kind erwachen;
Verwünschen wird sie mich, weil Romeo
Vom ganzen Vorgang nichts erfahren hat.
Doch schreib' ich gleich aufs neu' nach Mantua,
Und berge sie so lang' in meiner Zell',
Bis ihr Geliebter kömmt. Die arme Seele!
Lebend'ge Leich' in dumpfer Grabeshöhle!

Ab.

Dritte Szene

Ein Kirchhof; auf demselben das Familienbegräbnis der Capulets.
Paris und sein Page, mit Blumen und einer Fackel, treten auf.

PARIS.

Gib mir die Fackel, Knab', und halt' dich fern. –
Nein, lisch sie aus: man soll mich hier nicht sehn.
Dort unter jenen Ulmen streck' dich hin,
Und leg' dein Ohr dicht an den hohlen Grund:
So kann kein Fuß auf diesen Kirchhof treten,
Der locker aufgewühlt von vielen Gräbern,
Daß du's nicht hörest; pfeife dann mir zu,
Zum Zeichen, daß du etwas nahen hörst!
Gib mir die Blumen, tu', wie ich dir sagte!

PAGE.

Fast grauet mir, so auf dem Kirchhof hier
Allein zu bleiben; doch ich will es wagen.

Entfernt sich.

PARIS.

Dein bräutlich Bett bestreu' ich, süße Blume,

Mit Blumen dir; du schließest, holdes Grab,
Der sel'gen Welt vollkommnes Muster ein.
O schöne Julia! Engeln zugesellt,
Nimm diese letzte Gab' aus dessen Händen,
Der dich im Leben ehrte, und im Tod
Mit Preis und Klage deine Ruh'statt ziert.

Der Knabe pfeift.

Der Bube gibt ein Zeichen: jemand naht.
Welch ein verdammter Fuß kömmt dieses Wegs
Und stört die Leichenfeier frommer Liebe?
Mit einer Fackel? wie? Verhülle, Nacht,
Ein Weilchen mich!

Er tritt beiseite.

Romeo und Balthasar mit einer Fackel, Haue u.s.w.

ROMEO.
Gib mir das Eisen und die Haue her!
Nimm diesen Brief: früh morgens siehe zu,
Daß du ihn meinem Vater überreichst.
Gib mir das Licht! Aufs Leben bind' ich's dir:
Was du auch hörst und siehst, bleib' in der Ferne,
Und unterbrich mich nicht in meinem Tun!
Ich steig' in dieses Todesbett hinab,
Teils meiner Gattin Angesicht zu sehn,
Vornehmlich aber einen kostbar'n Ring
Von ihren toten Fingern abzuziehn,
Den ich zu einem wicht'gen Werk bedarf.
Drum auf und geh! Und kehrest du zurück,
Vorwitzig meiner Absicht nachzuspähn,
Bei Gott! so reiß ich dich in Stücke, säe
Auf diesen gier'gen Boden deine Glieder.

124

Die Nacht und mein Gemüt sind wütend-wild.
Viel grimmer und viel unerbittlicher
Als durst'ge Tiger und die wüste See.

BALTHASAR.

So will ich weggehn, Herr, und Euch nicht stören.

ROMEO.

Dann tust du als mein Freund. Nimm, guter Mensch,
Leb' und sei glücklich, und gehab' dich wohl!

BALTHASAR *für sich.*

Trotz allem dem will ich mich hier verstecken:
Ich trau' ihm nicht, sein Blick erregt mir Schrecken.

Entfernt sich.

ROMEO.

O du verhaßter Schlund! du Bauch des Todes!
Der du der Erde Köstlichstes verschlangst,
So brech' ich deine morschen Kiefern auf
Und will, zum Trotz, noch mehr dich überfüllen.

Er bricht die Türe des Gewölbes auf.

PARIS.

Ha! der verbannte, stolze Montague,
Der Juliens Vetter mordete; man glaubt,
An diesem Grame starb das holde Wesen;
Hier kommt er nun, um niederträcht'gen Schimpf
Den Leichen anzutun: ich will ihn greifen. –

Tritt hervor.

Laß dein verruchtes Werk, du Montague!
Wird Rache übern Tod hinaus verfolgt?
Verdammter Bube! ich verhafte dich:
Gehorch' und folge mir, denn du mußt sterben.

ROMEO.

Fürwahr, das muß ich: darum kam ich her.
Versuch' nicht, guter Jüngling, den Verzweifelnden!
Entflieh' und laß mich; denke dieser Toten!
Laß sie dich schrecken! – Ich beschwör' dich, Jüngling,
Lad' auf mein Haupt nicht eine neue Sünde,
Wenn du zur Wut mich reizest; geh, o geh!
Bei Gott, ich liebe mehr dich als mich selbst,
Denn gegen mich gewaffnet komm' ich her.
Fort! eile! leb' und nenn barmherzig ihn,
Den Rasenden, der dir gebot zu fliehn!

PARIS.

Ich kümmre mich um dein Beschwören nicht
Und greife dich als Missetäter hier.

ROMEO.

Willst du mich zwingen? Knabe, sieh dich vor!

Sie fechten.

PAGE.

Sie fechten! Gott! Ich will die Wache rufen.

PARIS.

Oh, ich bin hin! –

Fällt.

Hast du Erbarmen, öffne
Die Gruft und lege mich zu Julien!

Er stirbt.

ROMEO.

Auf Ehr', ich will's. – Laßt sein Gesicht mich schaun:
Mercutios edler Vetter ist's, Graf Paris!
Was sagte doch mein Diener, weil wir ritten,

Als die bestürmte Seel' es nicht vernahm? –
Ich glaube: Julia habe sich mit Paris
Vermählen sollen; sagt' er mir nicht so?
Wie, oder träumt' ich's? oder bild' ich's mir
Im Wahnsinn ein, weil er von Julien sprach?
Oh, gib mir deine Hand, du, so wie ich
Ins Buch des herben Unglücks eingezeichnet!
Ein siegeprangend Grab soll dich empfangen.
Ein Grab? Nein, eine Leucht', erschlagner Jüngling!
Denn hier liegt Julia: ihre Schönheit macht
Zur lichten Feierhalle dies Gewölb'.
Da lieg' begraben, Tod, von einem Toten! –

Er legt den Paris in das Begräbnis.

Wie oft sind Menschen, schon des Todes Raub,
Noch fröhlich worden! Ihre Wärter nennen's
Den letzten Lebensblitz. Wohl mag dann dies
Ein Blitz mir heißen. – O mein Herz! mein Weib!
Der Tod, der deines Odems Balsam sog,
Hat über deine Schönheit nichts vermocht.
Noch bist du nicht besiegt: der Schönheit Fahne
Weht purpurn noch auf Lipp' und Wange dir;
Hier pflanzte nicht der Tod sein bleiches Banner. –
Liegst du da, Tybalt, in dem blut'gen Tuch?
Oh, welchen größern Dienst kann ich dir tun,
Als mit der Hand, die deine Jugend fällte,
Des Jugend, der dein Feind war, zu zerreißen?
Vergib mir, Vetter! – Liebe Julia,
Warum bist du so schön noch? Soll ich glauben –
Ja, glauben will ich (komm, lieg' mir im Arm!),
Der körperlose Tod entbrenn' in Liebe,
Und der verhaßte, hagre Unhold halte

Als seine Buhle hier im Dunkel dich.
Aus Furcht davor will ich dich nie verlassen,
Und will aus diesem Palast dichter Nacht
Nie wieder weichen. Hier, hier will ich bleiben
Mit Würmern, so dir Dienerinnen sind.
Oh, hier bau' ich die ew'ge Ruh'statt mir,
Und schüttle von dem lebensmüden Leibe
Das Joch feindseliger Gestirne. – Augen,
Blickt euer Letztes! Arme, nehmt die letzte
Umarmung! und, o Lippen, ihr, die Tore
Des Odems, siegelt mit rechtmäß'gem Kusse
Den ewigen Vertrag dem Wuch'rer Tod!
Komm, bittrer Führer! widriger Gefährt'!
Verzweifelter Pilot! Nun treib' auf einmal
Dein sturmerkranktes Schiff in Felsenbrandung!
Dies auf dein Wohl, wo du auch stranden magst!
Dies meiner Lieben! –

Er trinkt.

O wackrer Apotheker!
Dein Trank wirkt schnell. – Und so im Kusse sterb' ich.

Er stirbt.

*Bruder Lorenzo kommt am andern Ende des Kirchhofes mit
Laterne, Brecheisen und Spaten.*

LORENZO.
Helf' mir Sankt Franz! Wie oft sind über Gräber
Nicht meine alten Füße schon gestolpert!
Wer ist da?
BALTHASAR.
Ein Freund, und einer, dem Ihr wohl bekannt.

LORENZO.

Gott segne dich! Sag mir, mein guter Freund,

Welch eine Fackel ist's, die dort ihr Licht

Umsonst den Würmern leiht und blinden Schädeln?

Mir scheint, sie brennt in Capulets Begräbnis.

BALTHASAR.

Ja, würd'ger Pater, und mein Herr ist dort,

Ein Freund von Euch.

LORENZO.

Wer ist es?

BALTHASAR.

Romeo.

LORENZO.

Wie lange schon?

BALTHASAR.

Voll eine halbe Stunde.

LORENZO.

Geh mit mir zu der Gruft!

BALTHASAR.

Ich darf nicht, Herr.

Mein Herr weiß anders nicht, als ich sei fort,

Und drohte furchtbarlich den Tod mir an,

Blieb' ich, um seinen Vorsatz auszuspähn.

LORENZO.

So bleib': ich geh' allein. – Ein Grau'n befällt mich;

Oh, ich befürchte sehr ein schlimmes Unglück!

BALTHASAR.

Derweil ich unter dieser Ulme schlief,

Träumt' ich, mein Herr und noch ein andrer föchten,

Und er erschlüge jenen.

LORENZO.

Romeo?

Er geht weiter nach vorn.

O wehe, weh mir! Was für Blut befleckt
Die Steine hier an dieses Grabmals Schwelle?
Was wollen diese herrenlosen Schwerter,
Daß sie verfärbt hier liegen an der Stätte
Des Friedens?

Er geht in das Begräbnis.

Romeo? – Ach, bleich! Wer sonst?
Wie? Paris auch? und in sein Blut getaucht? –
Oh, welche unmitleid'ge Stund' ist schuld
An dieser kläglichen Begebenheit? –
Das Fräulein regt sich.

JULIA *erwachend.*

O Trostesbringer! Wo ist mein Gemahl?
Ich weiß recht gut noch, wo ich sollte sein:
Da bin ich auch. – Wo ist mein Romeo?

Geräusch von Kommenden.

LORENZO.

Ich höre Lärm. – Kommt, Fräulein, flieht die Grube
Des Tods, der Seuchen, des erzwungnen Schlafs:
Denn eine Macht, zu hoch dem Widerspruch,
Hat unsern Rat vereitelt. Komm, o komm!
Dein Gatte liegt an deinem Busen tot,
Und Paris auch; komm, ich versorge dich
Bei einer Schwesterschaft von heil'gen Nonnen.
Verweil' mit Fragen nicht: die Wache kömmt.
Geh, gutes Kind!

Geräusch hinter der Szene.

Ich darf nicht länger bleiben.

Ab.

JULIA.

Geh nur, entweich'! denn ich will nicht von hinnen. –
Was ist das hier? Ein Becher, festgeklemmt
In meines Trauten Hand? – Gift, seh' ich, war
Sein Ende vor der Zeit. – O Böser! Alles
Zu trinken, keinen güt'gen Tropfen mir
Zu gönnen, der mich zu dir brächt'? – Ich will
Dir deine Lippen küssen. Ach, vielleicht
Hängt noch ein wenig Gift daran, und läßt mich
An einer Labung sterben.

Sie küßt ihn.

Deine Lippen
Sind warm. –
WÄCHTER *hinter der Szene.*

Wo ist es, Knabe? Führ' uns!
JULIA.

Wie? Lärm? – Dann schnell nur! –

Sie ergreift Romeos Dolch.

O willkommner Dolch!
Dies werde deine Scheide!

Ersticht sich.

Roste da,
Und laß mich sterben!

Sie fällt auf Romeos Leiche, und stirbt.

Wache mit dem Pagen des Paris.

PAGE.

Dies ist der Ort: da, wo die Fackel brennt.

ERSTER WÄCHTER.

Der Boden ist voll Blut: sucht auf dem Kirchhof,
Ein Paar von euch; geht, greifet, wen ihr trefft!

Einige von der Wache ab.

Betrübt zu sehn! Hier liegt der Graf erschlagen,
Und Julia blutend, warm und kaum verschieden,
Die schon zwei Tage hier begraben lag. –
Geht, sagt's dem Fürsten! Weckt die Capulets!
Lauft zu den Montagues! Ihr andern sucht!

Andre Wächter ab.

Wir sehn den Grund, der diesen Jammer trägt;
Allein den wahren Grund des bittern Jammers
Erfahren wir durch näh're Kundschaft nur.

Einige von der Wache kommen mit Balthasar.

ZWEITER WÄCHTER.

Hier ist der Diener Romeos; wir fanden
Ihn auf dem Kirchhof.

ERSTER WÄCHTER.

Bewahrt ihn sicher, bis der Fürst erscheint!

Ein andrer Wächter mit Lorenzo.

DRITTER WÄCHTER.

Hier ist ein Mönch, der zittert, weint und ächzt;
Wir nahmen ihm den Spaten und die Haue,
Als er von jener Seit' des Kirchhofs kam.

ERSTER WÄCHTER.

Verdächt'ges Zeichen! Haltet auch den Mönch!

Der Prinz und Gefolge.

PRINZ.

Was für ein Unglück ist so früh schon wach,
Das uns aus unsrer Morgenruhe stört?

Capulet, Gräfin Capulet und andre kommen.

CAPULET.

(Was ist's, daß draußen so die Leute schrein?)
[GRÄFIN CAPULET].

Das Volk ruft auf den Straßen: »Romeo«,
Und »Julia«, und »Paris«; alles rennt
Mit lautem Ausruf unserm Grabmal zu.
PRINZ.

Welch Schrecken ist's, das unser Ohr betäubt?
ERSTER WÄCHTER.

Durchlaucht'ger Herr, entleibt liegt hier Graf Paris;
Tot Romeo; und Julia, tot zuvor,
Noch warm und erst getötet.
PRINZ.

Sucht, späht, erforscht die Täter dieser Greuel!
ERSTER WÄRTER.

Hier ist ein Mönch und Romeos Bedienter.
Man fand Gerät bei ihnen, das die Gräber
Der Toten aufzubrechen dient.
CAPULET.

O Himmel!
O Weib! sieh hier, wie unsre Tochter blutet!
Der Dolch hat sich verirrt; sieh, seine Scheide
Liegt ledig auf dem Rücken Montagues,
Er selbst steckt fehl in unsrer Tochter Busen.
GRÄFIN CAPULET.

O weh mir! Dieser Todesanblick mahnt
Wie Grabgeläut' mein Alter an die Grube.

Montague und andre kommen.

PRINZ.

Komm, Montague! Früh hast du dich erhoben,
Um früh gefallen deinen Sohn zu sehn.

MONTAGUE.

Ach, gnäd'ger Fürst, mein Weib starb diese Nacht:
Gram um des Sohnes Bann entseelte sie.
Welch neues Leid bricht auf mein Alter ein?

PRINZ.

Schau hin, und du wirst sehn.

MONTAGUE.

O Ungeratner! was ist das für Sitte,
Vor deinem Vater dich ins Grab zu drängen?

PRINZ.

Versiegelt noch den Mund des Ungestüms,
Bis wir die Dunkelheiten aufgehellt
Und ihren Quell und wahren Ursprung wissen.
Dann will ich Eurer Leiden Hauptmann sein,
Und selbst zum Tod Euch führen. – Still indes!
Das Mißgeschick sei Sklave der Geduld. –
Führt die verdächtigen Personen vor!

LORENZO.

Mich trifft, obschon den Unvermögendsten,
Am meisten der Verdacht des grausen Mordes,
Weil Zeit und Ort sich gegen mich erklärt.
Hier steh' ich, mich verdammend und verteid'gend,
Der Kläger und der Anwalt meiner selbst.

PRINZ.

So sag ohn' Umschweif, was du hievon weißt!

LORENZO.

Kurz will ich sein, denn kurze Frist des Odems
Versagt gedehnte Reden. Romeo,

134

Der tot hier liegt, war dieser Julia Gatte,
Und sie, die tot hier liegt, sein treues Weib.
Ich traute heimlich sie; ihr Hochzeittag
War Tybalts letzter, des unzeit'ger Tod
Den jungen Gatten aus der Stadt verbannte;
Und Julia weint' um ihn, nicht um den Vetter.
Ihr, um den Gram aus ihrer Brust zu treiben,
Verspracht und wolltet sie dem Grafen Paris
Vermählen mit Gewalt. – Da kömmt sie zu mir
Mit wildem Blick, heißt mich auf Mittel sinnen,
Um dieser zweiten Heirat zu entgehn,
Sonst wollt' in meiner Zelle sie sich töten.
Da gab ich, so belehrt durch meine Kunst,
Ihr einen Schlaftrunk; er bewies sich wirksam
Nach meiner Absicht, denn er goß den Schein
Des Todes über sie. Indessen schrieb ich
An Romeo, daß er sich herbegäbe,
Und hülf' aus dem erborgten Grab sie holen
In dieser Schreckensnacht, als um die Zeit,
Wo jenes Trankes Kraft erlösche. Doch
Den Träger meines Briefs, den Bruder Marcus,
Hielt Zufall auf, und gestern abend bracht' er
Ihn mir zurück. Nun ging ich ganz allein
Um die bestimmte Stunde des Erwachens,
Sie zu befrein aus ihrer Ahnen Gruft,
Und dacht' in meiner Zelle sie zu bergen,
Bis ich es Romeon berichten könnte.
Doch wie ich kam, Minuten früher nur,
Eh' sie erwacht, fand ich hier tot zu früh
Den treuen Romeo, den edlen Paris.
Jetzt wacht sie auf; ich bat sie, fortzugehn
Und mit Geduld des Himmels Hand zu tragen:

Doch da verscheucht' ein Lärm mich aus der Gruft.
Sie, in Verzweiflung, wollte mir nicht folgen
Und tat, so scheint's, sich selbst ein Leides an.
Dies weiß ich nur; und ihre Heirat war
Der Wärterin vertraut. Ist etwas hier
Durch mich verschuldet, laßt mein altes Leben,
Nur wenig Stunden vor der Zeit, der Härte
Des strengsten Richterspruchs geopfert werden!

PRINZ.

Wir kennen dich als einen heil'gen Mann. –
Wo ist der Diener Romeos? Was sagt er?

BALTHASAR.

Ich brachte meinem Herrn von Juliens Tod
Die Zeitung, und er ritt von Mantua
In Eil' zu diesem Platz, zu diesem Grabmal.
Den Brief hier gab er mir für seinen Vater,
Und drohte Tod mir, gehend in die Gruft,
Wo ich mich nicht entfernt' und dort ihn ließe.

PRINZ.

Gib mir den Brief; ich will ihn überlesen. –
Wo ist der Bub' des Grafen, der die Wache
Geholt? – Sag, Bursch, was machte hier dein Herr?

PAGE.

Er kam, um Blumen seiner Braut aufs Grab
Zu streun, und hieß mich fern stehn, und das tat ich.
Drauf naht sich wer mit Licht, das Grab zu öffnen,
Und gleich zog gegen ihn mein Herr den Degen;
Und da lief ich davon und holte Wache.

PRINZ.

Hier dieser Brief bewährt das Wort des Mönchs,
Den Liebesbund, die Zeitung ihres Todes:
Auch schreibt er, daß ein armer Apotheker

Ihm Gift verkauft, womit er gehen wolle
Zu Juliens Gruft, um neben ihr zu sterben. –
Wo sind sie, diese Feinde? – Capulet! Montague!
Seht, welch ein Fluch auf eurem Hasse ruht,
Daß eure Freuden Liebe töten muß!
Auch ich, weil ich dem Zwiespalt nachgesehn.
Verlor ein paar Verwandte: – Alle büßen.

CAPULET.

O Bruder Montague, gib mir die Hand:
Das ist das Leibgedinge meiner Tochter,
Denn mehr kann ich nicht fordern.

MONTAGUE.

Aber ich
Vermag dir mehr zu geben; denn ich will
Aus klarem Gold ihr Bildnis fert'gen lassen.
Solang' Verona seinen Namen trägt,
Komm' nie ein Bild an Wert dem Bilde nah
Der treuen, liebevollen Julia.

CAPULET.

So reich will ich es Romeon bereiten:
Die armen Opfer unsrer Zwistigkeiten!

PRINZ.

Nur düstern Frieden bringt uns dieser Morgen;
Die Sonne scheint, verhüllt vor Weh, zu weilen.
Kommt, offenbart mir ferner, was verborgen:
Ich will dann strafen, oder Gnad' erteilen;
Denn niemals gab es ein so herbes Los
Als Juliens und ihres Romeos.

Alle ab.